Rethinking of Productive Labour
Yasuda Hitoshi

生産的労働概念の再検討

安田 均 ── 著

社会評論社

目　次

序　論 ……………………………………………………… 7

1　課題の設定 ……………………………………………… 7
2　本書で取り上げる論点の紹介 ………………………… 9
　(1)生産的労働を巡る議論　9
　(2)単純労働を巡る議論　14
　(3)消費に伴う労働を巡る議論　16
3　本書における立論の特徴 ……………………………… 20
　(1)生産的労働概念と価値形成概念の峻別　20
　(2)山口「抽象的人間労働の二重化」の適用　21
　(3)考察の意義　22
4　本書の構成と序次 ……………………………………… 24

第1章　生産的労働概念再考 ……………………………… 29

はじめに　29
1　国民所得論争と生産的労働概念 ……………………… 29
　(1)国民所得論争の発端　29
　(2)論争の転機　33
　(3)その後の展開　35
2　生産的労働概念の生成と原理論上の位置 …………… 36
　(1)生産的労働概念の誕生　37
　(2)マルクスにおける生産的労働規定の変遷　46
　(3)『資本論』解釈の立場　53
　(4)宇野弘蔵の生産的労働規定
　　　──労働の二重性と生産的労働 ……………………… 58
　(5)生産的労働論の埋没　62
3　基準編成と生産的労働 ………………………………… 77
　(1)生産的労働の有機的編成　77
　(2)基準編成の確定性と緩み　82
　(3)生産的労働と不生産的労働　92
むすびに代えて　95

第2章　複雑労働の理論的意義 ……………………………………… 103

はじめに　*103*
1　複雑労働の単純労働への還元論 ……………………………… *104*
　(1)複雑労働の単純労働への還元　*104*
　(2)還元論争の展開　*107*
　(3)還元論の現在　*111*
2　複雑労働論の論理構成 ………………………………………… *113*
　(1)価値概念の混乱　*113*
　(2)労働概念の混乱　*115*
　(3)価値と労働の複層性　*117*
3　労働市場の分立 ………………………………………………… *121*
　(1)還元論とは異なるアプローチ　*121*
　(2)「型づけコスト」による労働市場の分立　*122*
　(3)「型づけコスト」の意味　*123*
むすびに代えて　*125*

第3章　評価と勤続の理論的可能性
　　　　──能力主義を例に …………………………………… 131

はじめに　*131*
1　能力主義とは ……………………………………………………… *132*
　(1)熊沢誠の能力主義規定　*132*
　(2)その問題点　*135*
　(3)能力主義の成立要件　*137*
2　原理論における評価の可能性 ………………………………… *140*
　(1)原理論における評価の不在　*140*
　(2)個別性を超える種別性　*141*
　(3)査定が必要な労働とは　*144*
3　原理論における勤続昇給の可能性 …………………………… *146*
　(1)勤続導出の試み　*146*
　(2)その問題点　*149*
　(3)勤続昇給の可能性　*151*
むすびに代えて　*152*

第4章　消費における労働——家庭に残る労働　…………… 159

はじめに　*159*
1　家事労働の価値形成性をめぐって　…………………………… 160
　⑴フェミニズムからの批判と中川の回答　*160*
　⑵伏在する問題　*165*
　⑶生産的労働の価値形成労働との混同　*168*
2　生産的労働単一モデル相対化の試み　………………………… 169
　⑴賃労働単一モデルの相対化　*169*
　⑵生産偏重の相対化　*172*
　⑶生産的労働相対化の陥穽　*174*
3　消費における労働の特徴　……………………………………… 178
　⑴消費過程の特徴　*178*
　⑵消費における労働の種類　*179*
　⑶不生産的労働の特徴——関係性，自己目的性，補完性　*181*
むすびに代えて　*183*

むすびとして　………………………………………………………… 191

　⑴まとめ　*191*
　⑵付随的に明らかになったこと　*193*
　⑶今後の課題　*195*

あとがき　*197*

参考文献　*199*
索引　*210*

序 論

1 課題の設定

　近年，知識労働の拡大，女性の就労拡大，少子化の進展にともなって，能力主義や成果主義，家事・介護の外部化など多様な労働のあり方が非常に注目されている。しかしながら，経済理論においては，主として単純労働ないし価値形成労働を念頭に置いていたために，それら多様化した労働に理論的に切り込めないでいる。

　本書の原初的問題意識は，第3章の元になった能力主義的労働の理論的位置付けであった。個人毎の仕事の評価，査定を受け入れつつ勤続昇給する能力主義的労働が従来の経済学原理論で扱ってきた価値形成労働，単純労働と異なることは自明として，全く理論的に存立の余地はないのか，単に労務管理上，作り出された労働類型，制度なのか。従来の原理論でも，一般の直接生産に携わる労働とは別に，監督労働や生産過程間の調整を司る労働にも言及されていた。例えば，労働過程の協業の性格につれ，生産に直接，手を下さなくとも，全体労働者の一器官を務めさえすれば生産的労働と見なすと説いた『資本論』第1部第14章の全体労働者規定（Marx[1867]: ディーツ版全集531-532頁以下，『資本論』からの引用は慣例に従いディーツ版全集を用い，K.I,S.531-532と略記する）が有名である。これら監督労働や調整労働は，社会的平均的能力をもつ者が，特別の訓練も経ずにこなせるものではない，という意味では単純労働ではないし，個人毎の成果が見分けにくく，現れ方が不確定的という意味では，成果ないし労働の表出が外形的に計測可能なことを前提にした出来高賃金や時間賃金は適さず，仕事ぶりの評価が適用される可能性がある。他方で，原理論上の労働とすれば，価値形成労働

ではないとしてどのように位置づけるべきかが問題になる。

　こうして，理論上の労働について，単純労働ないし価値形成労働への対象限定を緩めることができれば，今日の多様な態様の労働の，資本主義経済における意味を明らかにできるのではないか。言い換えると，今日の多様化した労働は，単に最近の事象，サービス化，情報化，消費の多様化に対応するばかりでなく，資本主義経済自体がそのうちに有している労働の多様化，拡散化が現出したものであり，価値法則のような規律のある動きに止まらない性格を資本主義経済自体が有しているからではないか。これが出発点としての問題意識である。

　その際，本書が焦点を当てたのは生産的労働概念である。経済学発展の歴史的経緯もあり，永らく生産的労働こそ価値形成労働と捉えられてきた。労働価値説では，価値形成労働として社会的平均的な労働，すなわち特別の訓練を要しない単純労働が想定されているため，生産的労働も暗黙の内に単純労働が念頭に置かれてきた。しかし，あるものの生産に必要な労働は単純労働に限定されない。例えば，一般に単純労働とはみなされていない生産過程間の調整を司る労働も必要である。すると，生産的労働と価値形成労働との異同も検討する必要がある。また，直接，物を加工する労働，すなわち，直接生産労働以外の労働も生産的労働と認めるとすると，例えば，生産組織内で行われる医療や安全管理，あるいは教育のような特別の訓練を要する労働，複雑労働も対象に含まれることになり，その価値形成性を検討することが必要となる。さらに，価値を形成しない労働も取り上げるとなると，消費，生活領域における労働も取り上げる必要がある。これらの活動は，依然として家人が担っている場合も多いが，私企業，公企業を問わず，賃労働者が担っていることも多い。これらの，消費に伴う活動は，「無体の生活資料（Km）」生産労働と言えるが，賃労働者が担っても，家人が担っても同じ生産的労働と言えるのか。

　本書はこれらの諸点に着目して，生産的労働でも価値を形成する労働としない労働の違い，生産的労働のうち単純労働と複雑労働との違い，あるいは生産的労働と不生産的労働との違い等々，諸労働の間に横たわ

る様々な断層を浮かび上がらせ，労働の多様性を順次明らかにしようと試みた。

　以上，本書において生産的労働概念の検討を通して社会的再生産を構成する様々な労働の異同や関連を明らかにしようとする所以であるが，テーマ，課題をより具体的に示すために従来の諸研究との関連で，本書の課題意識やアプローチの特徴を示したい。

2　本書で取り上げる論点の紹介

(1) 生産的労働を巡る議論

　生産的労働概念の誕生　経済学史上，特定の労働ないし産業を「生産的」と捉える考え方は，重商主義批判の流れのなかで出現した。利潤の源泉を貿易ないし流通過程に求める重商主義に対抗する形で，まず重農主義者が，農業は「純生産物」をもたらす点で「生産的」な産業だという主張するようになった。例えば，ケネーは経済表において，付加価値を産み出す借地農を「生産的階級」，産み出さない商工業者を「不生産的階級」と位置づけ，国王，僧侶を含む地主階級を加えた3階級による社会的再生産を図示した（Quesnay[1759]: 訳 22-34）。

　次いで，労働価値説に立脚する古典派経済学が，「生産的」である対象を農業から鉱工業にまで拡げた。例えば，価値の源泉を「年々の労働」に求めたアダム・スミスは，国富の大きさを規定する要因として，分業と生産的労働者の数を挙げた。

　しかし，スミスの生産的労働論には，2つの視点の異なる規定が併存していた。すなわち，スミスは『諸国民の富』において生産的労働概念に「それが加えられる対象の価値を増加させる」（Smith[1776]:313）労働という付加価値基準による規定と，「特定の対象または売りさばきうる商品にそれ自体を固定したり実現したりする」労働，なぜなら「こういう商品はこの労働がすんでしまったあとでも，すくなくともしばら

くのあいだは存続する」（id.）からとする物質性基準による規定の2つを与えている。この二重規定のために，自営手工業者の労働は，前者の規定では，雇われて資本家に利潤を齎すわけではないから不生産的労働に当たるものの，後者の規定では生産的労働となる，また，資本の下のサービス労働は，前者の規定からは生産的労働と認められるものの，「商品にそれ自体を固定したり実現したりする」労働ではないから，後者の規定からは不生産的労働と位置付けられる。これが，その後の議論の出発点であった。

マルクスにおける2つの規定　マルクスは当初一貫して特殊歴史的な形態規定，スミスの付加価値基準の立場から，ブルジョア経済学の本質的規定，スミスの物質性規定を「生産の資本主義的諸形態を生産の絶対的形態—したがってまた生産の永久的な自然形態—と考えるブルジョア的偏狭さ」の反映と批判していた（Marx[1861-63]:372/ 以下，1861-63年草稿，いわゆる『剰余価値学説史』からの引用は慣例に従いディーツ版全集を用い，MW.,S.372と略記する）。

ところが，マルクス自身は『資本論』第1部刊行の直前に執筆した『直接的生産過程の諸結果』において物質性基準による規定，後の論争でいう生産的労働の本源的規定を登場させ，さらに『資本論』第1部では，第5章「労働過程と価値増殖過程」において，まず本源的規定を与えていた。

　この（労働過程の—引用者）全過程をその結果である生産物の立場から見れば，2つのもの，労働手段と労働対象とは生産手段として現われ，労働そのものは生産的労働として現われる（K.I,S.196）。

この本源的規定には「このような生産的労働の規定は，単純な労働過程の立場から出てくるものであって，資本主義的生産過程についてはけっして十分なものではない」（a.a.O.）と註で留保が付されたものの，スミスの付加価値基準に相当する，後の論争でいう生産的労働の資本主

義的「形態規定」は，ようやく第14章「絶対的および相対的剰余価値」冒頭で与えられることになった。

資本主義的生産は単に商品の生産であるだけではなく，それは本質的に剰余価値の生産である。労働者が生産をするのは，自分のためではなく，資本のためである。だから，彼がなにかを生産するというだけでは，もはや十分ではない。彼は剰余価値を生産しなければならない。生産的であるのは，ただ，資本家のために剰余価値を生産する労働者，すなわち資本の自己増殖に役だつ労働者だけである（a.a.O., S.532）。

つまり，マルクス自身は形態規定のみを与えていた立場から，本質的規定を先行させ，形態規定も併用するスタンスへと大きく変えていった。

この転換は日本における価値論争に大きな影響を与えることになった。第1に，すぐ後にみるように，戦後日本において，いわゆるサービス労働を価値形成労働に含めるか否かで国民所得論争が起きた際，価値形成労働の表象とされた生産的労働の理解が論議の的になった。第2に，『資本論』の生産過程論で設定された生産的労働の本源的規定が，後に宇野弘蔵が『資本論』の商品論における価値実体の抽出を批判し，抽出の場を生産過程論に移すに当たって足掛かりとされた。すなわち，宇野は，『資本論』の生産過程論が労働過程を「目的である生産物の立場から捉え返し」労働対象と労働手段を生産手段として，労働そのものを生産的労働として規定していることを注目し，ある物の生産に要する様々な生産過程の有機的連関，複数の生産的労働の連鎖を俯瞰したうえで，労働の同質的側面，抽象的人間労働を抽出したのである[1]。

生産的労働に関するわが国の議論　わが国では，戦後のサービス労働の進展に呼応して，これを生産的労働に含めるべきか否かが議論の的になった（「国民所得論争」）。

例えば，森下二次也は，経済学史上の，生産的労働，不生産的労働に関する様々な見解を取り上げた後，それぞれの区別は一見合理的に見え

るが「資本制社会の社会関係，その生産の社会的機構に関連して規定せられていないが故に」経済学的には無内容と裁定したうえで，「資本制的生産の本来目的とするところは剰余価値の，したがって資本の生産である。それ故かかる社会においては剰余価値をつくり出す様な労働のみが真に生産的な労働の名に値するものと言わねばならぬ。…生産的労働は直接に資本としての貨幣と交換される労働としていい表される」（森下 [1949]:16-17）と，形態規定説に軍配を上げ，サービス労働も賃銀労働として資本家に利潤を齎す限り「生産的労働」と認定している。すなわち，「それ（生産的労働—引用者）は資本制社会について言えばその労働が直接に資本に対して交換され，資本家のために利潤をつくり出す労働であるか否かであってそれ以外ではない。その労働が具現される使用価値が少しも実質のないものではあってもそれが賃銀労働でありさえすれば生産的であり，逆にその使用価値が実質的のものであってもそれが賃銀労働でない場合その労働は不生産的である。かくて所謂勤労用役（サービス労働のこと—引用者）もそれが賃銀労働である限りにおいて，すなわち資本家のために直接利潤をつくり出すものである限りにおいて生産的労働といわねばならぬ」（同上），と。

　他方，都留重人・野々村一雄らは本源的規定に依拠して，不生産的労働であるサービス労働の所得を国民所得計算に含めるべきではない，と主張した。すなわち，「生産的労働とは，物質的富の生産の領域における労働であり，他人に対するサービスを生産する労働を含まない。後者は不生産的労働である」。実際，資本主義社会において増大したサービスの大部分は商品の消費費用に属する。したがって「その労働は，所得によって購買された労働であって，資本によって購買された労働ではなく，不生産的労働であり，何らの価値をも生産しない。サービス部門の労働が資本主義社会において所得を生むのは，それによって生産された価値に対応するものとしての所得を生むのではなく，生産された価値よりみとられた所得の一部分をその受取人が所得として支出することによって，すなわち所得の再分配によって，与えられたからである。したがって，サービス部門の所得を純収益すなわち国民所得として計上する

ことは，二重計算」（都留・野々村 [1954]:139）である，と。

　その後，唯物史観に立脚した両概念統合，すなわち，社会的再生産に係わる労働としての生産的労働には，流通・サービスのような非物質的生産にたずさわる労働を含めることができないものの，資本主義的生産様式では物質的財貨を生産する労働は同時に剰余価値を生産する労働でもあるから，生産的労働の本源的規定と形態規定とは統一的に理解可能であるとする金子ハルオの見解が広く受け容れられることになった（金子 [1959]:125-126）。

　さらにその後も，本源的規定にいう生産物を有体物に限定しない立場から，サービス労働の価値形成性が論じられてきた（赤堀邦雄 [1971]，刀田和夫 [1977]，青才高志 [1977]，石倉一郎 [1977]）。例えば，青才は「マルクス自身は，『もしひとが，全過程をその成果たる生産物の立場から考察するならば，労働手段と労働対象とは共に生産手段として現象し，労働そのものは生産的労働として現象する』と規定しているのみであって，その生産物が物的姿勢を有さねばならないといっているわけではない」と，第5章の本源的規定が物質的財貨生産に限定されていないことを指摘したうえで，サービス労働は「有用効果」を生産しており生産的労働に該当する，と説いている（青才 [1977]:136, 傍点は原文 ,130）。

　以上，生産的労働を巡る議論は，「生産的労働」が経済学史上，純生産物が流通過程からではなく，生産過程から生み出されることを表現する概念であったため，生産的労働を価値形成労働と表裏一体のものとして捉えてきた。

　しかし，生産的労働を，価値を形成する社会的平均的労働，すなわち単純労働に限定してしまうと，あるものの生産に必要な労働の内，生産過程間の連結・調整を行なう労働，運輸，保管，指揮等の一部に含まれる単純労働とは言えない労働が見落とされかねない。これらは，今日肥大化している間接労働の原型であり，たとえ価値は形成しなくてもその意義や特徴は考察されてしかるべきであろう。本書で，まず生産的労働と価値形成労働との異同が検討される所以である。

(2) 単純労働を巡る議論

　複雑労働論　マルクスは必ずしも『資本論』における考察対象を単純労働に限定していたわけではない。
　マルクスは『資本論』冒頭商品論において2商品の交換関係から価値実体である抽象的人間労働を抽出する一方で，具体的有用労働としての違いばかりでなく，社会的平均的労働能力の担う単純労働を超えた，特別の訓練を施された労働の存在を意識していた。例えば，「商品の価値は，ただの人間労働を，人間労働一般の支出を，表わしている。ところで，ブルジョア社会では将軍や銀行家は大きな役割を演じており，これに反してただの人間はひどくみすぼらしい役割を演じている」(K.I,S.59) と。ちなみに上の例のように，異種労働について，特別の訓練の要否に着目したのが単純労働・複雑労働の別であり，同種労働について，生産性の差に着目したのが単純労働・熟練労働の別である。
　しかしながら，すぐに続けて「それ（価値実体としての人間労働—引用者）は，平均的にだれでも普通の人間が，特別の発達なしに，自分の肉体のうちにもっている単純な労働力の支出である。…より複雑な労働は，ただ，単純な労働が数乗されたもの，またはむしろ数倍されたものとみなされるだけであり，したがって，より小さい量の複雑労働がより大きい量の単純労働に等しいということになる。このような換算が絶えず行なわれているということは，経験の示すところである。ある商品がどんなに複雑な労働の生産物であっても，その価値は，その商品を単純労働の生産物に等置するのであり，したがって，それ自身ただ単純労働の一定量を表わしているにすぎないのである。いろいろな労働種類がその度量単位としての単純労働に換算されるいろいろな割合は，1つの社会的過程によって生産者の背後で確定され，したがって生産者たちにとっては慣習によって与えられたもののように思われる」(a.a.O., 傍点は原文) と，複雑労働の存在を認めながら，その生み出す価値の単純労働の生み出す価値への還元可能性を早々と宣言していた。

複雑労働の産み出す価値の単純労働のそれへの還元の根拠を日常の商品交換に求めるかのような説明は，ベーム・バヴェルクのような労働価値説批判の立場からは，商品交換を規定する価値の根拠を交換自体に求めているように理解され，「あからさまな純然たる循環論法」として批判を受けることになった（Böhm-Bawerk[1896]：訳書140-141）。しかし，批判が専ら労働価値説否定派から放たれたために，労働価値説に立脚する論者による複雑労働への言及は，ヒルファディングも遊部久蔵も，マルクスが最初に示した問題構成，複雑労働の単純労働への還元自体は受け容れたうえで，還元の根拠や還元率設定に議論を集中させた。すなわち複雑労働論は量的還元論に終始した（例えば，Hilferding[1904]：訳書159，遊部[1949]:207））。

　単純労働モデル　他方，宇野弘蔵および宇野の価値論を踏襲した論者の間では，経済学原理論の対象が単純労働に限定され，複雑労働は単純労働と異なってどのような特徴があるか，それら異質な労働の存在は市場にとってどのような意味をもつか，という問題意識を最初から持ち合わせなかった。というのも，宇野が『資本論』における冒頭商品論での価値実体抽出を批判し，価値実体抽出の場を生産過程論に移すことを主張した論拠の1つが，機械制大工業の下の単純労働化を前提にしない限り，異なる分野間の「労働の形態転換[2]」は困難であり，価値実体の抽出に適さないという点にあったからである（宇野[1962]:173-174）。

　さらに，資本の生産過程を背後に「労働の形態転換」，ひいては労働価値説を説く段になっても，単純労働以外の労働は，分析を妨げる夾雑物とされた。すなわち，「精神的労働も事務労働も，労働には相違ないが，生産物を生産する労働ではない。たとえば，新しい生産方法を発明するための精神的労働は，その生産方法による生産物の生産に必要な労働ではない。…この点が明らかにされないと，商品の価値の形成をなす労働の意味が不明確になる。事務労働も同様である。たとえば商業労働は新しく物を生産する労働ではない。これらの点が不明確であると，資本家の労働も価値を形成する労働であるかのように誤解される」（宇野

編[1967a]:86)。したがって,「経済学の原理論では,その対象を純粋の資本主義社会とすると同時に,労働もすべて単純労働として同質のものと想定しなければならない」(同),と。

そのような状況にあっても,例えば山口重克が社会的再生産の均衡編成を体現する労働の基準編成の中に緩みを認めたり(山口[1985]:86-87,104),小幡道昭が流動常なき日雇い層と産業予備軍の他に,一定の勤続を果たす労働類型を導出しようと試みたり(小幡[1990]:22-23,小幡[2009]:171-173)と,単純労働以外の労働も着目されるようになった。しかし,それらは,本書で詳しく論じるように,生産的労働と価値形成労働との違いが十分認識されていないなどの理由で,新たな労働類型の摘出に成功していないという問題を抱えている。

以上,従来の諸研究では,単純労働以外の労働類型を認める立場と認めない立場にハッキリ分れており,単純労働以外の労働類型として複雑労働が取り上げられる場合にも,複雑労働の生み出す価値の単純労働のそれへの量的還元に終始し,単純労働と複雑労働の並存が資本主義経済にとってどのような意味を持つのかは問われてこなかった。そこで本書では第2章で複雑労働の理論的意義を検討する。また,隣接する問題として,企業内で職務と並行して特別の訓練が施される場合,勤続や勤続につれた昇給が発生しうることを第3章で考察している。

(3) 消費に伴う労働を巡る議論

主婦論争 商品を生産しない家事労働が価値を生まないのは経済理論上,言を俟たない。

しかし,戦後日本では磯野富士子による「毎日,家事や育児のために費やすこれだけの労力と心づかいが,何の価値をも生まずに,煙のごとく消えうせるその過程が,すっかり納得できなければ,主婦はあきらめきれない」という問題提起の下(磯野[1960]:8),1960年代にいわゆる第2次主婦論争が繰り広げられた歴史がある。その過程では,家事労働は労働力商品を産み出しているという見解も登場し(磯野[1960],

古賀良一 [1979]），伊田広行 [1995]，櫛田豊 [2003b] 等，今日の研究者にも引き継がれている。そこでは，家事労働は価値を生むのか，労働力商品の再生産に要する費用，労働として労働力商品の価値に算入されるのか否かが問題とされてきた。例えば，磯田は「労働力が商品であり，『労働力の生産』という表現が経済学で使われている以上，『労働力という商品の生産』ということがいえるはずだ。／すると主婦は生米や布地に加工し，それらを生活手段として夫に供給することによって，彼の労働力を市場に出せる形（商品として完成したもの）にするといえないだろうか」（同 :10）と，家事労働が，教育労働とともに労働力商品を文字通り生み出しており，その価値は労働力商品の価値に移転している，と主張した。これに対し，中川スミは，『資本論』解釈に即して，マルクスの価値論では労働力商品は労働生産物でなく，「家事労働であれ何であれ，労働が労働力を直接生産することはできない」（中川 [1999]:19-20）ことを説き明かした。

　フェミニズムからの批判　欧米でも，1970 年代にフェミニズムとマルキシズムが融合するなかで家事労働論争が繰り広げられた。そこでも，家事労働が労働であるか，労働であるとすれば価値を生むのか，価値を生まないとすればどのような労働か，の３点が主に議論されていた。他方で，彼らの間からは，マルクスの『資本論』に対し，家事労働の無償性を所与の前提にしているばかりか，労働力の価値を「労働者家族の再生産費」とする規定は，その背後にある「成人男性の賃金は妻子（家族）を扶養するに足るものでなければならない」とする家族賃金思想を踏襲している，という批判が沸き上がった（Barrett & McIntosh[1980]:63-66, 高島道枝 [1993]:66）。これに対して，中川スミは，やはり『資本論』の忠実な解釈を基礎に，家事労働は社会性に乏しく価値を生まない，『資本論』における労働力商品の価値規定が家族の扶養費を含むとの第 1 部第 4 篇第 13 章の規定は当時の歴史状況を反映したにすぎず，マルクス自身は『資本論』の他の箇所で，マニュファクチュア段階では成人男子労働者によって担われていた家族の再生産費

が機械経営の下では女性の就労により労働者家族の全成員によって担われるようになる，とマルクスの「労働力の価値分割」論に依拠して反批判を加えている（中川 [1994]:110）。

　しかし，この「労働力の価値分割」論は，現在専ら女性が負担している家庭内の消費に伴う労働が外部化され，費用として両性の賃金に分担されうることを暗黙のうちに前提している。外部化可能な労働とは定量的な労働，生産的労働であるから，中川は家庭内の消費に伴う労働をすべて定量的な生産的労働とみなしていることになる。もちろん，家庭内の労働の多くは定量的で外部化可能であろう。しかし，家庭内の消費に伴う労働の中には，手段性が弱く，言い換えると自己目的的で，定量性に乏しい労働もあり，外部化には向いていない。中川の家事労働論ではこの点が見落とされている。

　生産的労働論への批判　家庭内の，消費に伴う労働の構造，特徴を積極的に捉え，分析しようとした論者がすべてそれらの労働に生産的労働概念を適用して臨んだわけではない。

　むしろ，賃労働を典型とする生産的労働に対する批判を意識して，「不生産的労働」「非労働」という概念を家庭内の労働に適用しようとした論者もいた。

　例えば，阿部照男 [1987] は，形態規定としての生産的労働概念を基準として，家庭内の労働を剰余価値をもたらさない「不生産的労働」ないし「非労働」と積極的に位置付けている。すなわち，阿部照男によれば，家事労働は中世的生産様式において空間的にも経済的にも生業と一体化していたものの，資本主義的生産様式において生産に対する消費として分離していった。しかし，家庭から労働がなくなったわけではなく，「『家事労働』を含むさまざまな自給自足生産―私はこれを『家庭内生産』と呼ぶ―が依然として『家庭』の内で行われている」（阿部 [1987]:204-205）。そのうえで，阿部は，資本主義的生産様式で排除された自給自足生産性の故に，「非労働」「不生産的労働」を「疎外されていない労働，つまり資本関係に包摂されておらず，従って人間労働のあるべき状態を

意味する」(阿部 [1967b]:203)，として積極的に評価している。

　また，フェミニスト経済学でも，ヒメルワイトは，同じケアであっても，新古典派経済学の基準では，第三者代替可能な場合はケア労働とされる一方，家族が担わざるを得ないケアリングは「非労働」と位置づけられるとして，労働・非労働の二分法こそ問題である，という問題提起をしている（Himmelweit[1995]:2)。

　さらに，宇野派のなかでも，小幡道昭は，『資本論』における「労働そのもの」概念は，生産的労働として定量化される以前の，人間による自然への主体的な働きかけを規定したものであり，生産に偏重した労働概念を相対化するものとして積極的に評価してみせた（小幡 [1995]:10-11)。但し，小幡は，その後，生産的労働概念を消極化させ，代わりに目的意識的な労働と対置された「非労働」概念を設定し，消費における人間活動を分析するようになった（小幡 [2009]:103-104)。

　しかし，これらの諸理論は，不生産的労働＝価値非形成労働という単純なレッテル貼りを免れているけれども，それらの概念が現実の労働に適用可能な分析概念なのか，それとも，生産・消費の二元論（阿部)，労働・非労働の二元論（ヒメルワイト)，あるいは主体的な「労働そのもの」からの生産的労働の分離（小幡）という現実の労働状況を批判するための参照基準なのか，明確にされていない点に問題を抱えている。

　以上，家庭内の消費に伴う労働に関する従来の諸研究は，賃労働を典型とする生産的労働を唯一の労働類型であるかのように参照基準として端から念頭に置いていた。そのため，家庭内の労働を，生産的労働を基準に「不払い労働」と裁断するか，「不生産的労働」ないし「非労働」という賃労働批判の理念に祭り上げるかしてしまい，生産的労働とは異なる労働類型として，その特徴を分析しようという問題意識が欠落してしまった。本書が生産的労働と不生産的労働との区別を踏まえ，第4章において家庭内の消費に伴う労働の特徴を明らかにしようとした所以である。

3 本書における立論の特徴

　上述のような研究状況にあって，本書の研究方法には次のような特徴がある。

(1) 生産的労働概念と価値形成概念の峻別

　生産的労働概念は，経済学説史上，流通過程における価格差が利潤を生むという重商主義に対する批判のなかから湧き起こったため，生産的労働と価値形成労働とは初めから表裏一体の関係にあった。
　しかし，生産的労働と価値形成労働は，まず第1に社会的歴史的射程が異なる。労働生産過程論で措定される生産的労働は商品経済に限定されない労働の普遍的規定であるのに対し，価値形成労働は商品経済に限定された規定である。
　第2に，共時的にも射程が異なる。生産過程における労働，生産的労働がすべて価値形成労働とは限らない。価値を形成しない生産的労働もあり得る。ある生産物の生産に，と目的がハッキリしていれば，効率的に投入され量的安定性が生じるので，生産的労働であり得るが，生産物の種類によっては，生産的労働であっても価値を形成しないことがあり得る。例えば，生産過程の生産物を有体物に限定したとしても，再生産性が低い職人芸的作品は，価格という意味での価値は有しても，価格変動を規制するという重心としての価値を有しているとは認められないであろう。さらに，生産過程の生産物に無体の有用効果，いわゆるサービスを含めるならば，生産過程における調整労働や保管労働等の一部は，少なくとも価値形成労働が前提とする単純労働ではない。
　そこで，本書では，生産的労働と価値形成労働をひとまず区分することにした。

(2) 山口「抽象的人間労働の二重化」の適用

　生産的労働と価値形成労働という二つの概念を区分する際に援用したのが，山口重克の提唱する「抽象的人間労働の二重化」である。

　「**価値概念の広義化**」　山口はまず「価値概念の広義化」を提唱して，価値概念に価格変動の重心を規定する価値，狭義の価値とは別にあらゆる商品が有する交換志向としての価値，すなわち，広義の価値があることを明確にした。山口はその意義を，価値概念を価格変動の重心を規定する狭義の価値に限定していては，価値論において社会的生産の均衡編成だけを抽象して編成のプロセスないしメカニズムを捨象することになり，資本主義的商品生産の成り立ち方の特質を見失うおそれがあること等4点挙げている（山口 [1990]:9-14）。

　「**相互媒介性における流通の先行性**」　他方，山口は，懸案であった価値と労働の関係，「流通関係がまず世界を作って，それによって生産関係を包摂する。そういう関係で言えば，流通関係がまず先決的にある。／それにもかかわらず，労働が価値を規定するということを言おうとすると，生産の方が価値関係を規定すると言わざるをえない。しかも流通関係が先決的である」（山口 [1995]:115-116）という問題に対し，「流通が生産を締め上げ，その締めた生産が価値を規定する。こういうふうに考えれば，相互媒介性における流通の先行性は理解できるのではないか」（同上）と解決法を示した。

　「**抽象的人間労働の二重化**」　価値と労働の関係について，このように考えて良いとすると，抽象的人間労働も狭義と広義の2種類存在することになる。そもそも山口は「価値概念の広義化」を主張した時点で，価格変動に「重心があるのは資本主義的商品に特有のことであるから，法則性の根拠も資本主義的なものと考えられなければならない」（山口

[1990]:16）と指摘していた。そして，「価値概念の広義化」と「相互媒介における流通の先行性」を踏まえると，抽象的人間労働概念は，人間社会に普遍的な「労働の同質性」としての抽象的人間労働と，資本の効率性原則によって締め上げられ，量的に絞り込まれた抽象的人間労働を分けることが肝要になる（「抽象的人間労働の二重化」）。

(3) 考察の意義

　山口の「抽象的人間労働の二重化」を援用して，価値形成労働と区別された生産的労働概念を基点に，生産的労働概念と他の労働概念との差を詰めるという形で，他の諸労働の理論的位置付け，多様な労働の位置付けを明らかにしようとしたのが本書である。

　労働の多様性の理論的解明　すなわち，生産的労働と価値形成労働とをそれぞれ成果との関連で量的安定性，量的技術的確定性で区別したうえで，調整労働や流通労働の一部は成果との量的関係において，その社会，時代の技術水準から一定の安定的関係が見込めるものの，価格変動の重心を規定する価値形成労働，単純労働のような量的技術的確定性は見込めないことから，価値を形成しない生産的労働とした。同様に，入職前に特別の訓練を要する労働，複雑労働も追加供給が容易ではなく，価格変動の重心を形成できないため，価値を形成しない生産的労働とした。さらに複雑労働のうち，勤続経験につれて技能が伸張する労働は，出来高給や時間給を適用される単純労働と異なり，特別な訓練を必要とする程度，熟練形成の程度を測るため，査定が必要になったり，勤続を評価する必要が生じたりする能力主義的労働とした。

　さらに，生産的労働と価値形態を区別したことの，いわば副産物として，生産的労働に対する不生産的労働の特徴が単に価値を形成しないという点に止まらないことが明らかになった。

　消費に伴い家庭に残る労働の解明　家庭内の労働については，従来，

生産的労働の本源的規定説の立場からは物を生産しないから不生産的労働と位置づけられ，形態規定説の立場からは工場労働者の労働のように資本と交換され，代わりに剰余価値を生み出す生産的労働もなく，執事の労働のように資本家の収入と交換されて賃収入を得る不生産的労働でもないことから単なる活動[3]であると位置づけられてきた（青才[1977]:137），あるいはフェミニスト経済学では，前述のように「アンペイドワーク」と位置づけられてきた。しかし，それらは，生産的労働やその典型である賃労働を基準にした見方にすぎない。その問題は，女性が社会進出するようになり，老人や子息の生活費が社会的に負担されるようになれば，従来，成人男性の賃金に上乗せされていた婦人扶養費が女性自身の賃金に含まれるようになり，賃金は純粋に個人毎になる，と主張する「労働力の価値分割論」が，家庭内の家人による労働をすべて外部化可能な定量的労働と見なしていることに顕著に現れている。しかし，介護等，「無体の生活資料（Km）」生産労働について外部サービスが発達した今日においても，すべてが外部化されるわけではない。外部サービスの助けを借りながらも，家人による労働が残っているのが現状である。

そこで，本書は，通常一括りにされる家庭内の労働のなかでも，「有体の生活資料（Km）」生産労働は消費と分断され，手段化し定量性が生まれやすい生産的労働であるのに対して，「無体の生活資料（Km）」生産労働は消費に随伴するため，消費主体の満足を第一に考え，手段性が弱く，定量性に乏しい不生産的労働が含まれることを明らかにした。

以上要するに，経済理論における価値概念・労働概念の「多層性」を明示的に導入することにより，単純労働と複雑労働の別，家庭内に残る労働と外部化されやすい労働の別を検討し，単純労働，間接労働，評価を伴う労働，外部サービスが普及しても家庭に残る労働等々，「労働の多様性」を理論的に解明する道を拓いたのである。

4　本書の構成と序次

本書の構成　本書では，まず第1章で生産的労働概念の再検討により，従来の理論の問題点を指摘し，生産的労働，価値形成労働，不生産的労働の違いを明らかにする。それを踏まえて，第2章以下では，従来の，生産的労働と等置されてきた単純労働ないし価値形成労働以外の労働類型の例として，事前の訓練を要する複雑労働，そして，その中でも勤続昇給する能力主義的労働，消費に伴って家庭に残る労働，いわゆる家事労働を取り上げ，それぞれの特徴を，生産的労働・不生産的労働という概念枠組みから検討・分析した。

すなわち，第2章では，価値を生産しない生産的労働の例として，従来，経済学原理論の分野でも，単純労働以外の労働として着目されていた複雑労働に関する理論的考察，すなわち「複雑労働の単純労働への還元」を取り上げ，複雑労働の問題として価値非形成労働の理論的位置づけを検討した。第3章では，この複雑労働規定を基準としてとして，査定や昇給を特徴とする能力主義的労働を取り上げ，その理論上の分析可能性について検討した。第4章では，いわゆる家事労働，ケア労働等，家庭に残る「消費にともなう労働」について，その価値形成性，労働性をめぐる議論を題材に，消費に伴う労働はやがてすべて外部化しうるのか，一部家庭に残るとすればその特徴はどこにあるかを検討した。

本書の序次　もう少し詳しく説明しよう。

第1章の課題は生産的労働概念の再規定である。まず戦後「国民所得論争」で焦点とされていた生産的労働概念を取り上げ，これまで生産的労働が単純労働ないし価値形成労働の表象と捉えられていたこと，そのため一方で生産過程間の調整を行なう調整労働など直接には使用価値の加工に携わらない労働が，他方で資本とも収入とも交換されない家庭内の労働が理論的に位置づけられないままになっていることを明らかにする。ちなみに，ここでは，初出時に比し，各論者の生産的労働規定を

より詳しく取り上げ検討している。同時に，価値形成労働を生産的労働のうち成果との間に量的技術的確定性がある労働に限定することにより，生産的労働の他の部分に調整労働，流通労働等が位置づけ可能であること，他方，家内労働が，消費主体との関係で，あるものの生産に必要な労働量という定量性さえも欠くならば，不生産的労働との位置づけが可能であることも明らかにする。このように，本章は，以後の展開で用いられる労働諸概念の再規定を行なっている。

　第2章は，生産的労働と価値形成労働の，言わば差分である価値を形成しない生産的労働の特徴を解明するために，まず価値形成労働の典型である単純労働以外の労働力類型として，経済学原理論でも取り上げられてきた複雑労働の理論上の位置づけを検討している。すなわち，従来も，単純労働以外の労働力類型が資本主義的生産様式に存在することは認識されていたものの，問題関心は「複雑労働の単純労働への還元」に集中し，その考察も還元の根拠や還元率設定を超えていなかった。しかし，いずれの立場も，労働の生み出す価値の大きさを労働力商品の価値の大きさから説いたり，労働力商品を養成労働を生産手段とする労働生産物のように扱ったりするなどマルクス価値論の公理に抵触していた。ここでは，論争膠着の原因を経済学原理論における価値概念及び労働概念が複数の層を成している点を見落としていることに求めた。むしろ，両概念の複層性を意識するならば，費用として一様な労働投下が想定される流通論や，追加供給可能な単純労働を前提に資本の部門間移動による利潤率均等化のメカニズムが解明される生産価格論に対して，生産過程間の連関を視野においた生産過程論において，過程間の連結を司る調整労働等，単純労働以外の労働類型の存在や，特別の訓練の有無による労働市場の分断が浮かび上がることを明らかにした。

　続く第3章では，前章で検討した複雑労働規定を，今日話題となっている能力主義的労働に適用している。まず能力主義に関する代表的見解を取り上げ，能力主義は賃金の年功性を克服し，取って代わるものなのか，それとも能力主義も年功性，勤続昇給という特徴を帯びているのか，両者の関係が曖昧であることを明らかにした。これに対し，ここでは賃

金形態の国際比較により，能力主義の要件を個人査定の適用と勤続昇給にあることに求めた。そのうえで，上の複雑労働規定を適用し，評価が求められるのは単に労働の高度性だけでなく，成果との関連が不確定的であることが必要であり，勤続昇給には単に特別の訓練が必要というに止まらず，職場経験に伴う技能・知識の蓄積が必要であることを明らかにする。

　最後の第4章では，いわゆる家事労働が私的ないし公的サービスにますます代替化・外部化される今日にあって，現在家庭内で専ら女性に分担されている作業はやがてなくなるのか，現在残っている作業は労働と認められるか，を問題にした。まずフェミニズムからのマルクス批判に反批判を加えた中川スミの論稿を題材に，女性の就労が進めば，現在，男性賃金に算入されている婦人扶養費は女性賃金に移り，賃金は個人単位になるとする，いわゆる「労働力の価値分割論」は，消費過程における労働がすべて外部化可能と，言い換えれば定量的で費用算入可能な生産的労働と暗黙のうちに想定していること，むしろ外部サービスが充実した今日でも家庭に残る労働を分析するには，賃労働を典型とする生産的労働概念の相対化が必要であることを確認する。ついで，生産的労働概念の相対化を試みた諸研究を取り上げ，消費が生産と質的に区別されていないことを確認する。そのうえで，消費に伴う労働には，効率的に追求される生産的労働以外に，家人の消費欲求に従うが故に，手段性が低い労働も存在すること，その非定量性ゆえに生産的労働には分類しがたい不生産的労働であることを明らかにする。

　以上，本書では，生産的労働と価値形成労働との区別を起点に，一方で価値非形成労働に調整労働や複雑労働等を位置づけ，他方で，不生産的労働に，外部化サービスが発達した今日においても家庭内に残る労働を位置づけ，以て今日の多様化する労働を理論的に解明する道を拓こうとしているのである。

表1：本書で考察する労働の分類

定量性	技術的確定性	特別の訓練	企業特殊熟練性	具体例
有)生産的労働	有)価値形成	不)単純労働		資本の下の単純労働（第1章）
	無)非形成			調整労働,流通労働,サービス労働の一部（第1章）
		要)複雑労働		上記のうち入職前に特別の訓練を要する労働（第2章）
			有)能力主義的労働	上記のうち勤務経験に応じて技能が累積する労働（第3章）
				外部化可能な家事・介護労働（第4章）
無)不生産的労働				家庭に残る消費に伴う労働（第4章）

【註】

1)「マルクスはそれ（労働過程を「その結果，すなわち生産物の立場からみれば」という生産的労働規定——引用者）によって労働過程が生産過程として現われるようになるとは明言していないし，事実それにつづく叙述においても，労働過程といういい方がつづいており，生産過程ということばはでてこない。総じて『資本論』のばあいには，労働過程と生産過程とは，ほとんど区別されないままに，むしろ前者で統一されているといっていい。／労働過程と生産過程を明確に区別されようとしたのは宇野博士の功績であ」る（大内力 [1981]:229-230，註 (10)）。

2)「一見してわかるように，われわれの資本主義社会では，労働需要の方向の変化に従って，人間労働の一定の部分が，あるときは裁縫の形態で，あるときは織布の形態で供給される。このような労働の形態転換は，摩擦なしにはすまないかもしれないが，とにかくそれは行なわれなければならない」(K.I,S.58)。

3)「女中のサーヴィス提供は，労働であって父の犬小屋製作のような単なる活動ではない。なぜなら，女中の個人的生活と女中の労働がなされる主人の生活とは，労働力の売買という商品流通の介在によって明確な区分を与えられているからである。だが，商品流通が介在するのは労働力の売買に際してであって，女中の労働の成果と主人によるそれの消費との間に商品流通が介在するわけではない。それゆえに，女中の労働の成果がたとえ料理等の物的

成果をもたらそうと,それは固有の意味での生産物ではなく,彼女の労働も生産的労働ではない」(青才 [1977]:137,傍点は原文)。

第1章　生産的労働概念再考

はじめに

　本章では，戦後「国民所得論争」で焦点とされていた生産的労働概念を取り上げ，これまで生産的労働が単純労働ないし価値形成労働の表象と捉えられていたこと，そのため生産過程間の調整を行なう調整労働など直接には使用価値の加工に係わらない労働や，資本とも収入とも交換されない家庭内の労働が理論的に位置づけられないままになっていることを明らかにする。これに対し，生産的労働と価値形成労働とを成果との間に量的技術的確定性という観点から区別するならば，調整労働等使用価値の加工に直接携わらない労働を価値を生まない生産的労働として位置づけ可能であること，他方，消費に密着した労働の一部には，手段性が弱いため，生産的労働としての，あるものの生産に必要な労働量という定量性を欠く不生産的労働があり，外部化しにくいために家庭内に残らざるを得ないことも明らかにする。本章は，以後の展開で用いられる労働諸概念の再規定を行なっている。

1　国民所得論争と生産的労働概念

(1) 国民所得論争の発端

　わが国では，戦後，サービス産業の発達とともに，国民所得計算にサービス労働を入れることは妥当か否かで論争が巻き起こった。

『資本論』の2つの規定　当時，マルクス経済学では「生産的労働のみが国民所得を生産する」とされていたため，『資本論』の生産的労働規定の適用が問題となった。

　近代経済学はサービス労働も生産的であり国民所得を創造するとみなすのにたいして，マルクス経済学は物質的財貨を生産する労働のみが生産的であり国民所得を創造するとする。両者のこの基本的相違は，なにが商品価値を形成するのかという価値論の相違に根源をもっている。したがって，「生産的労働のみが国民所得を生産する」という命題は，マルクス国民所得理論体系の枢軸として明確にされなくてはならない（金子 [1959]:119）。

　周知のように，『資本論』には趣の異なる，2つの生産的労働規定がある。
　まず第1部第5章「労働過程と価値増殖過程」では，「どんな特定の社会的形態にもかかわりなく考察」（K.I,S.192）される労働過程論において生産的労働が普遍的な形で規定されている。そのため，次の叙述がしばしば引用され，「本源的規定」と呼ばれている。

　　この（労働過程の—引用者）全過程をその結果である生産物の立場から見れば，2つのもの，労働手段と労働対象とは生産手段として現われ，労働そのものは生産的労働として現われる（a.a.O.,S.196）。

　そして「生産的労働」に註を付して「このような生産的労働の規定は，単純な労働過程の立場から出てくるものであって，資本主義的生産過程についてはけっして十分なものではない」（a.a.O.）と断っている。それに対応するのが第14章「絶対的および相対的剰余価値」の冒頭の叙述である。
　まず「労働過程そのものの協業的な性格につれて，必然的に，生産的労働の概念も，この労働の担い手である生産的労働者の概念も拡張され

るのである。生産的に労働するためには，もはやみずから手を下すことは必要ではない。全体労働者の器官であるということだけで，つまりその部分機能のどれか一つを果たすということだけで，十分である。前に述べた生産的労働の本源的な規定は，物質的生産の性質そのものから導き出されたもので，全体として見た全体労働者については相変わらず真実である」(a.a.O.,S.531-532) として，生産過程の全体を統御する労働にも生産的労働規定が拡張されることを説く。しかし，すぐに続けて「しかし，個別に見たその各個の成員には，それはもはやあてはまらない」として，資本制下の生産的労働について以下のように規定する。そのため（資本主義的）「形態規定」と呼ばれる。

　　資本主義的生産は単に商品の生産であるだけではなく，それは本質的に剰余価値の生産である。労働者が生産をするのは，自分のためではなく，資本のためである。だから，彼がなにかを生産するというだけでは，もはや十分ではない。彼は剰余価値を生産しなければならない。生産的であるのは，ただ，資本家のために剰余価値を生産する労働者，すなわち資本の自己増殖に役だつ労働者だけである（a.a.O.,S.532）。

　本源的規定説と形態規定説　そこで，サービス労働を国民所得に含めるべきとの立場に立つ論者（森下二次也 [1949]，中西健一 [1957]，有沢広巳・中村隆英 [1955]）は，資本家に剰余価値をもたらすサービス労働は形態規定上の生産的労働であるが故に国民所得計算に算入されることは適切であるとした。例えば，森下二次也は，経済学史上の，生産的労働，不生産的労働に関する様々な見解を取り上げた後，それぞれの区別は一見合理的に見えるが「資本制社会の社会関係，その生産の社会的機構に関連して規定せられていないが故に」経済学的には無内容と裁定する（森下 [1949]:16）。そのうえで「資本制的生産の本来目的とするところは剰余価値の，したがって資本の生産である。それ故かかる社会においては剰余価値をつくり出す様な労働のみが真に生産的な労働の名に値するものと言わねばならぬ。…生産的労働は直接に資本としての

貨幣と交換される労働としていい表される」（同:17）と，形態規定説に軍配を上げ，サービス労働（引用中の「勤労用役」）も賃銀労働として資本家に利潤を齎す限り「生産的労働」と認定している。

　それ（生産的労働—引用者）は資本制社会について言えばその労働が直接に資本に対して交換され，資本家のために利潤をつくり出す労働であるか否かであってそれ以外ではない。その労働が具現される使用価値が少しも実質のないものではあってもそれが賃銀労働でありさえすれば生産的であり，逆にその使用価値が実質的のものであってもそれが賃銀労働でない場合その労働は不生産的である。かくて所謂勤労用役もそれが賃銀労働である限りにおいて，すなわち資本家のために直接利潤をつくり出すものである限りにおいて生産的労働といわねばならぬ（同上）。

　反対の立場の論者（都留重人・野々村一雄 [1954], 上杉正一郎・広田純・田沼肇 [1954]）は，本源的規定に依拠して，サービス労働は物質生産ではないから生産的労働には該当せず，国民所得計算に含めるべきではない，と主張した。例えば，都留・野々村は以下のように述べている。

　国民所得は，年々の新価値，付加価値あるいは価値生産物より成る。これは労働によって生産されるが，ここでの労働が単なる労働ではなくて生産的労働であることは言うまでもない。すなわち，国民所得は年々の生産的労働の所産である。／生産的労働とは，物質的富の生産の領域における労働であり，他人に対するサービスを生産する労働を含まない。後者は不生産的労働である。／（資本主義社会において増大したサービスの大部分は商品の消費費用に属するのだから—引用者）その労働は，所得によって購買された労働であって，資本によって購買された労働ではなく，不生産的労働であり，何らの価値をも生産しない。サービス部門の労働が資本主義社会において所得を生むのは，それによって生産された価値に対応するものとしての所得を生む

のではなく，生産された価値よりくみとられた所得の一部分をその受取人が所得として支出することによって，すなわち所得の再分配によって，与えられたからである。したがって，サービス部門の所得を純収益すなわち国民所得として計上することは，二重計算であり，本源的所得の再分配過程をいんぺいし，純収益としての国民所得を過大に評価する（都留・野々村 [1954]:139）。

サービス労働は物質生産ではないから生産的労働ではない，つまり価値を生み出さず，むしろ物質生産が生み出した価値の再分配を受ける側であるから，これを国民所得計算に含めては，物質生産が生み出した価値とその使途としての価値の二重計算を冒すことになる，というのである。

(2) 論争の転機

　統合の試み　やがて統一的理解が追求されることになった[4]。その一例として金子ハルオ [1959] を取り上げてみよう。

　金子はひとまず本源的規定と形態規定（金子の用語法では「歴史的規定」）それぞれの立脚点を労働過程と価値増殖過程とに割り振り，資本主義生産過程では「価値増殖過程が主要な側面」であることを根拠に，後者を生産の規定的な契機，前者をその一般的基底をなすものとして位置付ける（金子 [1959]:122）。しかし，形態規定でサービス労働を生産的労働としているのも「これらの労働が生産的労働の歴史的規定をうけているという意味」（同:124）に他ならず，本源的規定も直接的生産過程に関する規定であるため，両者はそのままでは社会的総資本に関する規定である国民所得に適用できない（金子 [1964]:50-52）。社会的総資本の再生産過程は，物質的財貨の生産・分配過程であると同時に社会的総資本による剰余価値の生産・分配過程であるから，「全社会的にみた資本主義生産は，物質的・資本主義的生産」（金子 [1959]:125, 傍点は原文）であり，「社会的再生産の観点からは，流通・サービスのような

非物質的生産にたずさわる労働は、生産的労働にいれることができない」
(同上)。というのも、金子にとって「マルクス経済学が、サービスをそ
れが資本家によって提供されるとしても価値を生まない性格のものであ
るとするのは、それが、…史的唯物論(唯物史観)の考えを出発点とし、
基礎にしているということに由来する」(金子[1978]:9)からである。
つまり、社会的総資本の再生産という観点からは「資本主義社会におけ
る生産的労働とは、物質的財貨を生産する労働＝物的商品を生産する労
働＝剰余価値を生産する労働ということになり、直接的生産過程におい
てあたえられた生産的労働の本源的規定と歴史的規定とは統一される」
(金子[1959]:126)、と。

価値論への統合 しかし、上に示したように、金子が流通・サービス
労働を国民所得から外す根拠は、理論的には『資本論』において生産的
労働規定以前に展開される価値論であり、枠組みとしては「社会的総資
本の再生産過程は、物質的財貨の生産・分配過程である」とする史的唯
物論である。

そこで、国民所得の分析にわざわざ生産的労働概念を持ち出すことに
疑問が呈されるようになった。例えば、阿部照男は「価値を形成するか
いなかに関係なく、資本と直接に交換されて剰余価値または利潤をもた
らすかいなかという純粋な形態規定を本来的に問題とするマルクスの生
産的労働論に基づいては、価値生産物である国民所得($V+M$)を生産
するのはいかなる労働かを本来的に問題とする、国民所得論の基礎論と
しての『生産的労働論』は正しく構築されえないのではなかろうか。そ
れゆえに、マルクスの生産的労働論を国民所得論の構築のために用いる
ことは方法論的に誤りなのではなかろうか」(阿部[1967a]:99-100)と
従来の議論を批判する。また、飯盛信男は「マルクスの価値論は『資本
論』冒頭商品論で明確に規定され、それに対し生産的労働論は、『資本論』
1巻3編ではじめて登場するのであるから、生産的労働論を価値論理解
の前提として位置づけること自体にもともと無理」(飯盛[1977]:203)
があると断罪している。

広田純によれば,「この見解（直接には阿部の所説を指す—引用者）は多くの人に支持され,…価値形成労働の範囲の問題は,生産的労働論を基礎としてではなく,直接に価値論次元の問題として取り上げられるようになった」（広田 [1982]:68）。

(3) その後の展開

こうして,国民所得論争からは生産的労働論の出番が失われていった。

サービス労働論　しかし,サービス労働の価値生産性にこだわる論者は,国民所得計算とは別に,純理論的見地から,金子が史的唯物論を盾に所与の前提にしていた,本源的規定にいう生産的労働の物質的財貨生産への限定に検討を加えた（赤堀邦雄 [1971],刀田和夫 [1977],青才高志 [1977],石倉一郎 [1977]）。

例えば,青才は「マルクス自身は,『もしひとが,全過程をその成果たる生産物の立場から考察するならば,労働手段と労働対象とは共に生産手段として現象し,労働そのものは生産的労働として現象する』と規定しているのみであって,その生産物が物的姿勢を有さねばならないといっているわけではない」（青才 [1977]:136,傍点は原文）と,第5章の本源的規定が物質的財貨生産に限定されていないことを指摘したうえで,サービス労働は「有用効果」を生産しており生産的労働に該当すると説く（同 :130）。

また,石倉は生産的労働規定の段階的発展を主張する。すなわち,『資本論』第1巻第5章段階の「本源的規定は生産的労働と不生産的労働との区別を直接に示すものではなく,後者はこの段階では捨象されて論述の対象にならず,ここでは労働一般がすべて生産的労働となっている」（石倉 [1977]:161）。しかし,第11-13章の労働過程論の展開を承けた「第14章では第5章の本源的規定がより展開され」,第5章では合一していた頭の労働と手の労働とが「『労働過程の協業的性格とともに』『分離し』（『資本論』—引用者)」「それぞれが生産的労働者として,いわば分化し

自立することになる」(同:162)。それと同様に,サービス労働も分化し「生産的労働として自立することになる」(同:163-164),と。

価値形成労働との混同 しかしながら,彼ら,サービス労働を有用効果生産労働と捉える論者は,本源的規定にいう生産的労働が物質的財貨生産に限定されないことに論点を集中するあまり,生産的労働と価値形成労働との等置,およびその裏面としての不生産的労働と価値非形成労働との同一視はそのまま引き継がれてしまった。

例えば,彼らはサービス労働を生産的労働であると同時に「価値形成的」であるとみなしているが,そのなかにはファーストフードのカウンター業務のように,マニュアル通りの行動が要求される仕事もあれば,顧客の個別具体的要求を踏まえたうえで対応を判断せざるを得ない労働もある。後者の場合,投入される労働量は同一業種でも資本によってまちまちであり,生産量との間に量的技術的確定性は認められないのであるから,商品の価格変動の重心という意味での価値を構成するとは言えない。他方,彼らは不生産的労働を,形態規定の通説にならって収入と交換とされる労働と位置付けているために[5],不生産的労働は執事や女中のような家庭内の賃仕事に限定されてしまい,家族が有用効果「無体の生活資料(Km)」を産み出す行為は,生産的労働でも不生産的労働でもない,私的活動としてしか位置付けられない。保育や介護の社会的分担が課題になっている折,担い手が家族というだけで端から私的活動と決めつけることは適切ではないであろう。

2 生産的労働概念の生成と原理論上の位置

国民所得論争に関連して生産的労働概念を巡る理解の対立を追ってきたが,ここで改めてその生成と経済学原理論上の扱いを振り返ってみよう。

(1) 生産的労働概念の誕生

重商主義批判の潮流　「生産的」という概念は，国富の源泉を流通過程における譲渡利潤に求める重商主義思想への対抗として，国富は生産ないし労働によって誕生すると主張した反重商主義の諸論稿に端を発する。

馬渡尚憲[1997]は，イギリスおよびフランスにおける重商主義批判論説の勃興とそれらの共通点を次のように簡潔にまとめている。

> イギリスにもフランスにも，重商主義の時期にこれに批判的な経済論説が多数あった。これらは，富の理解，この増加の方法についての理解，さらに国家と経済の関係の理解において共通点があった。消費可能な財を富とし，労働をその増加の原因とみなし，商人を不生産的な階層とみており，経済活動への国家の干渉に批判的であり，したがって理論的には生産に根拠をもつ均衡論を展開し，政策的には自由主義を主張するといった点に特徴があった。／このような系譜としてイギリスではペティをはじめ，ロック，ノース，マッシー，ヒュームらを，フランスではボワギィーユベール，カンティロン，ケネー，およびテュルゴーらをあげることができる。／…イギリスでは工業の発展を基礎に反重商主義は自由主義的な工業主義の形をとったのに対し，フランスは上からの重商主義をとり工業的基礎が弱かったので，反重商主義は重農主義の形となったのである（馬渡[1997]:30-31）。

ペティ「生産的産業」　例えば，「経済学の父」ウィリアム・ペティは富は労働と土地によって形成される（「土地が富の母であるように，労働は富の父であり，その能動的要素である」Petty[1662]:49/ 訳119）と説きつつ，以下のように生活必需品を産み出す産業のみが剰余を産みだし，他の諸部門に携わる人々を扶養している，と述べている。

かりに一地域に1000の人がいて，そのうちの100が1000全部の必要とする食物および衣類を生産しうるとしよう。もし，さらに200が，他の諸国民が提供するところの諸物品または貨幣に対して，こちらからあとうべき諸物品を製造するとし，またもし，さらに400が，全体の人たちの装飾・快楽および壮麗のために働くとし，もし行政官・神学者・法律家・医師・卸売商および小売商が200いるとすれば，全部で900となるが，そこにはなお冗員100に対する十分の食物があるわけである（Petty[1662]:30/ 訳56）。

訳者解説はペティのこのような社会的再生産に関する叙述を社会から「なにものかを獲得すべき生産的産業」の主導性を規定したものと紹介している（訳書206頁）。

ケネー「生産的階級」 しかし，「生産的」という用語を意識的に用いた，有名な経済学者と言えば，ケネーであろう。

一方で「年前貸し」と「原前貸し」の2概念によって初めて前貸資本における流動資本と固定資本とを区別し，他方で純生産物の産出という観点から借地農を生産的階級，商工業者を不生産的階級と規定し，国王・僧侶を含む地主階級を加えた三大階級からなる社会の物的再生産を説いたのが，ケネーの有名な『経済表』（1759年）である。

しかし，ケネーは，それに先立つ1757年『百科全書』に発表した「穀物論」において，富国の基礎が大農経営にあることを，総生産物と純生産物の別，生産的労働と不生産的労働の別から説明している。

・・・・・・・穀物耕作の優位に関する考察。耕作の経費は王国内にとどまり，而して，総生産高は完全に国家にとっての利益となる。家畜は，収穫される年々の富の少くとも半額に等しい。かくて，この農業の二部門の生産高は合計約30億となるであろう。而して葡萄園の生産高は5億以上であるが，この場合，もし王国内で人口が増加するとし，葡萄酒や火酒の取引がさまたげられずとすれば，更に大いに増加されえよう。

農業の生産高は，大麻・木材・漁撈等の生産高を含まずに，少くとも40億となるであろう。吾々は，家屋・年金・塩・鉱山の収入についてはもはや述べまい。また収入（revenus）と人口とがふえるに比例して増加するであろうところの工芸・航海等の収益（produits）に関しても述べないであろう。しかし問題は，これらすべての利益の本源が実に農業に存するという点であって，農業こそは，原材料を供給し，王と地主に収入を与え，僧侶に十分の一税を，耕作者に利潤を与えるのである。不断に再生されるこの本源的富こそ，王国における他の一切の階級を支え，あらゆる他の職業に活動力を与え，商業をさかんにし，人口をふやし，工業を活気づけ，ひいては国民の繁栄を維持するものである。…また農業と商業とは吾が国の富の二源泉のように常に見做されているが，商業は手工業と同じく，農業の一分枝にすぎない。といっても，手工業は商業よりもはるかに広範囲に普及し，はるかに重要である。しかしこの二職業はただ農業によってのみ存続しているのである。実に農業こそ，手工業と商業の素材を供給し，かつ双方に生活資料を与えるものである。とはいえ，この二分枝はその利得を農業に返還するのである。そして農業は年々歳々支出され消費されるところの富を再生するのである。実際土地の生産物もなく，地主と耕作者の収入や支出がないとすれば，一体どこから商業の利潤や手工業の賃金が生れようか？　農業から商業を切り離して考えることは，一つの抽象であって，農業から離れた商業というのは不完全な概念にすぎず，この抽象はかかる問題を対象として論ずる者はもとより，政策家をさえも過たせ，終には国内商業をば生産的な商業であるとまでまつりあげるに至らしめるのである。ところが，本来国内商業というものは何ものをも生産せず，ただ国民の用をべんじて，国民から報酬をうけているにすぎない（Quesnay[1757]215-216/ 訳80-82，傍点は原文イタリック，以下同様）。

（14項目掲げた「経済的統治の原則」の4―引用者）耕作者の富が，耕作による富を生ぜしめる。耕作労働の生産高は，耕作者が良耕の経

費を支出できない時には，国家にとって零，若しくは殆ど零にひとしい。或る一人の貧乏な人が，自分の労働によって，殆んど無価値に等しい農産物，例えば馬鈴薯，蕎麦，栗のようなものしか土地から引出さず，それによって自給するだけで，一物をも売り買いしないならば，かような人はただ自分自身のために働いているにすぎない。而して彼は貧困の中に生活する。従って，彼及びその耕す土地は，何物をも国家にもたらさないのである。／農夫をやというる耕作者が存在せず，このように赤貧洗うが如き農夫が粗衣粗食で自給自足しうるにすぎないような地方における貧困の結果は，まさに，かくのごときものである。／それ故，豊作を齎すべく土地を準備するに必要不可欠な富が存しないような王国に於ては，たといいくら耕作に人間のみが使われたとしても，不生産的（infructueux）たるを免れないのである。これに反して，富める耕作者の多い王国に於ては，土地の収入が常に保証されているのである（id.235/ 訳 110-111）。

穀物耕作のための富の必要性に関する考察。われわれの希求するかかる繁栄の状態は，耕作者の労働そのものの果実であるというよりはむしろ，耕作者が土地耕作に投下しうる富の量如何による産物であることを，決して看過すべきではない。豊作をもたらすのは，まさに肥料によってであるが，肥料を生産するのは実に家畜である。而してまた，この家畜をあたえ，また家畜を管理すべき人間を就業させるものは実に貨幣にほかならない。既述の説明によって見られたように，小農法によって経営される3000万アルパンの土地の経費は2億8500万リーヴルにすぎないが，大農法によって立派に経営される3000万アルパンに対して支出される経費は，7億1000万リーヴルにのぼるであろう。しかしながら，前者の場合には生産高は3億9000万リーヴルにすぎないが，後者の場合には生産高は13億7800万リーヴルの多きに達するであろう。経費が一層大きくなれば，それだけ一層大なる利潤を生むことになるであろう。なおそのうえ, 良耕の場合には，家畜購入費とその管理費のために，支出並びに人間がより多く必要に

はなるが，しかしそうなったところで，この場合は耕作による収穫高にまさるとも劣らぬほどの生産高を牧畜の分野において新たにもたらすことになるのである。／とはいえ，悪耕 (la mauvaise culture) も多くの労働を要する。しかし，耕作者は必要なる支出をなしえないために，その労働は不生産的 (infructueux) である (id.243/訳121)。

　総生産物は純生産物に経費を加えたもので，純生産物は地代，十分の一税，土地税，借地人利潤よりなる。大農経営は小農経営より経費も大きくなるが，純生産高も増える，というのである。また，農業と工業と商業では，農業が最も重要で，ついで工業，そして商業となるという。その理由は，農業では純生産物を生むこと，商工業の本源は農業にあること，工業では手間賃を生み商業では利潤を生むものの，商業は物を生まないという点である。

　生産的階級のみが純生産物をつくり出すという区分は『経済表』でも貫かれている。経済表原表は1758年初版，1759年前半の第2版，同年後半の第3版がある。しかし，原表自体は3階級に属する個人間の関係を表わしているため，社会的再生産関係を示す「経済表の範式」(略表，1766年の「経済表の数学的範式の分析」収録) が用いられる。

　略式に示された生産物と貨幣のフローは次の通り。「①借地農は商工業者から工業品10億を買う。②地主は借地農から農産物10億を買う。③商工業者は借地農から農産物（原料）10億を買う。④地主は商工業者から工業品10億を買う。⑤商工業者は借地農から農産物（生活資料）10億を買う。⑥借地農は地代20億を支払う。⑦借地農は農産物20億を内部留保（種子，生活資料用）する。」(馬渡[1997]:58，丸数字は図1-1の数字に対応)。

　その特徴は，均衡的単純再生産を前提していることもさることながら，純生産物は農業のみから生み出されると想定している点にある。すなわち，「商工業と農業の間で20億の工業品と20億の農産物を交換したとしても，その15億が原材料と労働者消費分であり，5億が工業での純

生産物だということもありうる。純生産物は土地の恵みとして生じるという理解のため、純生産物は農業だけで生じ借地農だけが生産的階級とされた」(同:59)のである。

そして、「生産的」「不生産的」の別も、純生産物を生み出すか否かを基準に判断されている。

<u>生産的支出</u>は、農業、草原、牧野、森林、鉱山、漁業などに用いられ、その目的としては、穀物、飲料、木材、家畜、手工加工品の原料などのかたちで、富を、永続させるものである。／<u>不生産的支出</u>は、手工業商品、居宅、衣装、金利、僕婢、商業経費、外国産製品などのかたちでなされる (Quesney[1759]:訳書 23,下線は原文イタリック体。以下同様)。

生活資料のかたちで使用される支出とは、言い換えれば、その全体が国土の年再生産物から引き出される純粋な消費物のための支出であって、不生産的支出によって消滅する物の再生を少しもともなわないものである (同:76)。

たんなる消費のための支出は、復帰することなく自ら消滅する支出である。こうした支出が埋め合わされるのはただ<u>生産階級</u>によってのみである。この階級に限っては、他の階級の援助を必要とせず自階級だけで生存できるのである。したがって、支出が再生産のために使用されないときには、それは<u>不生産的</u>な支出としてみなされるべきである (同:85)。

図1.1：ケネー経済表（範表）（馬渡 [1997]:57）

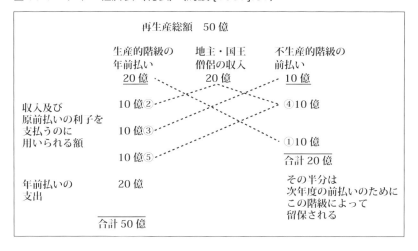

スミスの生産的労働論　馬渡 [1997] は，ケネーが商業に利潤を認めていることを取り上げ「ここでは彼は，生産的労働の基準として，純生産物を生むか否かという基準と物的生産物を生むか否か（それも生活必需品である農産物を生むか否か）という基準をあげていることになる」（馬渡 [1997]:54）と，ケネーに遡って生産的労働に関する二重基準の萌芽を見出している。しかし，生産的労働の二義性を巡る議論の端緒はアダム・スミスの『諸国民の富』におけるそれであった。

すなわち，スミスは重商主義への批判として，国の富を規定するものを生産的労働の数と生産力，分業に求めたからである。

スミスの『諸国民の富』は文字通り国富の増大要因を解明したものであり，国富の増大要因を一方で労働の生産性，他方で蓄積のあり方に求め，前者を第1編分業論で，後者を第2編蓄積論で扱っている。蓄積論では，蓄積とは純生産物の一部を節欲して消費財の購入に充てずに，貯蓄し資本財の投下に回すことであり，言い換えれば，追加的労働力を不生産的労働として雇用するか生産的労働として雇用するかがその動向を規定する，と説く。

具体的には，第2篇「資財の性質，蓄積および用途について」の第3

章「資本の蓄積について，すなわち，生産的および不生産的労働について」は冒頭項「労働には，生産的労働および不生産的労働という２つの部類のものがある。」で両者の定義から始めている。

> 労働には，それが加えられる対象の価値を増加させる部類のものと，このような結果を全然生まない別の部類のものとがある。前者は，価値を生産するのであるから，これを生産的労働（productive labour）と呼び，後者はこれを不生産的労働（unproductive labour）と呼んでさしつかえない。こういうわけで，製造工の労働は，一般に，自分が加工する材料の価値に，自分自身の生活維持費の価値と，自分の親方の利潤の価値とを付加する。これに反して，召使の労働はどのような価値も付加しない。なるほど，製造工は，自分の賃銀を自分の親方からまえ貸ししてもらってはいるけれども，こういう賃金の価値は，一般に，自分が労働を加えた対象の増大した価値のうちに利潤をともなって回収されるのであるから，実は主人にはなんの費用もかからない。ところが，召使の生活維持費はけっして回収されないのである。人は多数の製造工を使用することによって富み，多数の召使を扶養することによってまずしくなる（Smith [1776]，キャノン版 313/ 岩波文庫（2）337）。

これは付加価値を産み出す労働か否かの区別である。資本によって投じられた労働はその生産した商品を通して賃金[6]を回収するばかりか利潤を齎すのに対して，召使を雇っても，その労働は決してその生活維持費さえ回収してくれるわけではないため，その分「まずしくなる」。資本との交換か収入との交換かの区別とも言い換えられる。

しかし，スミスは，上の叙述の直後に，後に物を残すか否か，有体物の生産に携わるか否かという基準も示している。

> 製造工の労働は，ある特定の対象または売りさばきうる商品にそれ自体を固定したり実現しりするのであって，こういう商品はこの労働が

すんでしまったあとでも，すくなくともしばらくのあいだは存続するものなのである。それは，いわば，ある他のばあい必要に応じて使用されるために，貯蔵され，貯えられる一定量の労働である。この対象，またはそれと同一のことであるが，この対象の価格は，あとになってから，はじめてそれを生産したのと等量の労働を活動させることができる。これに反して，召使の労働は，ある特定の対象または売りさばきうる商品にそれ自体を固定したり実現したりはしない。かれの労務（services）は，一般的にはそれがおこなわれるまさにその瞬間に消滅してしまうのであって，あとになってからそれとひきかえに等量の労務を獲得しうるところの，ある痕跡，つまり価値をその背後にのこすということがめったにないのである（ibid.,313-314/ 訳338）。

続く「召使の労務以外にも，多くの種類の不生産的労働がある。」の項でも，

社会のもっとも尊敬すべき階級に属するある人々の労働は，召使のそれと同じように，価値についてはまったく不生産的なのであって，またこの労働は，それがすんでしまったあとまで持続したり，あとになってそれとひきかえに等量の労働を獲得しえたりするところの，ある恒久的な対象または売りさばきうる商品にそれ自体を固定したり実現したりはしない。たとえば，主権者ならびにその下に奉仕する司法および軍事のいっさいの官吏も，全陸海軍人も，不生産的労働者である。かれらは公共社会の使用人なのであって，他の人々の勤労の年々の生産物の一部によって扶養されている（ibid.,313-314/ 訳339）。

このように，スミスは，生産的労働について，「加えられる対象の価値を増加させる」労働という付加価値基準から定義を与えながら，他方で，「特定の対象または売りさばきうる商品にそれ自体を固定したり実現したりする」，「この労働がすんだ後も，少なくともしばらくの間は存続する」商品に加えられる労働であるという物質性基準からの定義も示

している。

そのため「自営手工業者の労働は，①（付加価値基準—引用者）からは（「自分の親方の利潤の価値」を付け加えることのないため—同）『不生産的労働』であり，②（物質性基準—同）からは『生産的労働』であるが，資本家に雇われて行うサービス労働は，①からは『生産的労働』であり，②からは『不生産的労働』である」（馬渡 [1997]:79）という問題が生じた。

(2) マルクスにおける生産的労働規定の変遷

形態規定の先行 マルクスによる経済学研究，言い換えると経済学批判は，こうした古典派経済学，ブルジョア経済学における生産的労働の普遍的理解，つまり本源説的理解を歴史認識を欠くものとして批判することでもあった。したがって，マルクスの生産的労働規定は端緒的には形態規定であった。ここではマルクスにおける生産的労働理解の変遷を阿部照男 [1987] に依拠しつつ確認する。

マルクスにおける生産的労働規定の端緒は『経済学批判要綱』（1857-58年ノート，以下『要綱』と略す）である。但し，この段階ではプラン草稿には未だ位置づけられておらず，「雑録」で規定されていた。ちなみに用役 Dienst とはいわゆるサービスのことである。

> 資本にたいする対立物たりうる唯一の使用価値は，労働である。（しかも価値を創造する，すなわち生産的な労働である）。…直接的欲望を満足させるためのたんなる用役給付（Dienstleistung）としての労働は，資本とはまったく無関係である，なぜなら資本はそれをもとめてはいないから。…役務をなす人のこの給付は，生産的労働の範疇に入れることはできない（Marx[1857-58]:183）。

生産的労働論が「経済学批判プラン」に登場したのは1863年プランからである。

63年プランでは，剰余価値論（これが『剰余価値学説史』の中心をなす）の最後に「資本の生産性。生産的および不生産的労働」という一項目が立てられた。
　それに相当する叙述は，『学説史』第1巻「補遺」に収められており，そのタイトル「資本の生産性。生産的労働と不生産的労働」に明らかなように，資本の目的に引きつけて展開されている。

　生産の資本主義的諸形態を生産の絶対的形態——したがってまた生産の永久的な自然形態——と考えるブルジョア的偏狭さだけが，資本の立場からすれば生産的労働とはなにかという問題を，一般に生産的であるのはどんな労働か，または生産的労働一般とはなにかという問題と混同しうるのであり，したがってまた，一般になにかを生産し，なにかのものに結果する労働はすべて，おのずから生産的労働なのだと答えて，しごく得意になりうるのである。／〔第一に。〕直接に資本に転化する労働だけが生産的である。したがって，可変資本を可変なものとして定立する労働，したがって〔全資本Cを〕C＋Δにする労働だけが生産的である（MW.,S.369）。

　生産的労働とは——資本主義的生産の体制では——その充用者のための剰余価値を生産する労働，または，客体的労働条件を資本に転化させてそれらの所有者を資本家に転化させる労働，つまり，それ自身の生産物を資本として生産する労働なのである。／それゆえ，生産的労働とは，資本としての貨幣と直接に交換される労働，またはこれを要約した表現にほかならないが，直接に資本と交換される労働，すなわち，即自的に資本であって資本として機能するべき使命をもち資本として労働能力に相対する貨幣と交換される労働であると言うことができる（a.a.O.,S.372）。

　同じ種類の労働が，生産的でもありうるし，不生産的でもありうる。／たとえば『失楽園』を書いて5ポンドを得たミルトンは不生産的労

働者であった．これに反し，自分の出版業者のために製造労働を提供する著述家は生産的労働者である（a.a.O.,S.377）．

これに対して，生産的労働の本源的規定[7]の萌芽は，1867年の『資本論』刊行に先んじる1863-65年ノートの第6章（『直接的生産過程の諸結果』）における生産的労働論において，初めて姿を現した．

まず形態規定が与えられる．

資本主義的生産の直接の目的及び本来の生産物は剰余価値なのだから，直接に剰余価値を生産する労働だけが生産的であり，直接に剰余価値を生産する労働能力行使者だけが生産的労働者である（Marx[1963-65]: 訳書109）．

しかし，それに続けて

労働過程一般の単純な立場からは，われわれにとって生産的として現われたのは，ある生産物に，より詳しくは，ある商品に，実現される労働だった（同上:110）．

こうした経緯を承けて，『資本論』では第1部第3編「絶対的剰余価値の生産」第5章「労働過程と価値増殖過程」における本源的規定が，同第5篇「絶対的及び相対的剰余価値の生産」第14章「絶対的及び相対的剰余価値」において形態規定が与えられている．

本源的規定の登場　以上のように，マルクスにおいて形態規定が先行し，後に本源的規定が展開されたことについて，阿部照男は次のように述べている．

生産一般の規定は,資本主義的生産の特殊歴史的な性格を,つまり「本質的な差別」を，明らかにするための観点—つまり批判の観点—であ

る。しかし，生産一般の規定は，資本主義的生産の特殊歴史的な性格が明確に認識されたのちにはじめて可能となる「抽象」である。…まず生産一般の規定が定立され，それに基づいて，生産の特殊的性格が，つまり資本主義的生産の特殊歴史的な性格が，明らかにされるという関係にあるのではない。／生産的労働の規定についても同じように考えることができる。本源的生産的労働の概念は，生産的労働の概念の特殊資本主義的な・歴史的な性格を明らかにするための観点—批判の観点—である。しかし，本源的生産的労働の概念は，生産的労働の概念の定立ののちにはじめて，明確に認識されうるようになるのである（阿部[1967b]:32，傍点は原著）。

そもそも阿部は，初期マルクスの疎外された労働概念が，マルクス自身の剰余価値理解の進化に伴い，『資本論』において結実した概念こそ生産的労働概念である，という理解に立っている[8]。資本主義的生産様式批判の拠り所となる概念，視角が労働疎外論から生産的労働論に発展した，という理解である。したがって，阿部にとって生産的労働すなわち形態規定である。

しかし，第1に，生産的労働の普遍的理解という意味での本源的規定自体はマルクス以前に存在し，マルクスは形態規定の立場から『学説史』まではそれを没歴史的規定として批判してきた，つまり敢えてそれを採用していなかったのであり，形態規定が定立されなければ，本源的規定を規定できない，というわけではない。言い換えると，本源的規定の出現の必然性は，形態規定それ自体の論理以外のところ，例えば価値論の進展等による，と考えるべきであろう。

第2に，同じマルクスの本源的規定といっても，『諸結果』のそれと『資本論』のそれとは全く異なる。確かに資本主義経済に限定されない生産的労働に関する規定，超歴史的規定という性格は両者共通であるものの，『諸結果』では単なる物質的財貨生産として生産的労働を規定しているに過ぎないのに対して，『資本論』の生産的労働規定は，人間の労働が主体であることを確認するための労働過程を「目的物たる生産物から捉

え返し」て規定されている。つまり，目的に規定され，手段化された労働としての生産的労働概念は『資本論』で初めて登場したのである。

　マルクスにおける生産的労働規定の到達点は生産的労働を普遍的な生産過程の単なる一要素として捉えたことにあるのではない。まず，直前の労働過程論において人間労働を過程の主体的要因として押さえたうえで，さらにその労働を目的視点から「生産的労働」と捉え返している。専ら自然との物質代謝過程における人間労働の主体性に焦点がある労働過程論では労働相互の関連は視野に入っていない。生産物視点で労働過程を捉え返すことにより，その生産物に必要なという観点から労働対象・労働手段と人間労働が目的合理的な内容と量に絞り込まれ，同時に生産手段の生産過程も視野に入ってくる。言い換えれば，生産過程間の有機的関連性が露わになる。そして，生産過程の有機的編成を基礎に労働の異質性と同質性，具体的有用労働の側面と抽象的人間労働の側面がハッキリと浮かび上がってくるのである。

　つまり，目的視点からの生産的労働規定という意味での本源的規定は，価値の同質性としての労働を追求するうち，冒頭商品論での蒸留法による価値実体規定では満足できず，到達した，とみるべきであろう。

　『資本論』の本源的規定　同時に，『資本論』でようやく完成した，生産的労働の本源的規定の限界も指摘しておく必要がある。

　それは，生産的労働の本源的規定，目的視点からの生産的労働規定がどこにも繋がっていない，ということである。

　後に述べるように，宇野弘蔵の場合，労働過程が，成果である生産物の視点，いわば目的視点で生産過程と捉え返され，労働そのものが生産的労働と限定されることにより，「その生産物の生産に要する」労働は，一方で限定されると同時に，他方で生産手段を用いて加工する生きた労働ばかりでなく，様々な生産手段の生産に要した過去の労働にも広がり，生産過程の有機的連鎖のなかで「労働の二重性」が確認される。さらに，同質的な抽象的人間労働を基礎に，必要労働・剰余労働の別へと発展している。

もちろん，『資本論』でも生産物視点から生産的労働を規定した以上，生産過程の連鎖は当然視野に入れられている。

　ある一つの使用価値が生産物として労働過程から出てくるとき，それ以前のいくつもの労働過程の生産物である別の使用価値は生産手段としてこの労働過程にはいって行く。この労働の生産物であるその同じ使用価値が，あの労働の生産手段になる。それだから，生産物は，労働過程の結果であるだけではなく，同時にその条件でもあるのである（K.I,S.196）。

　要するに，ある使用価値が原料か労働手段か生産物かのうちのどれとして現われるかは，まったくただ，それが労働過程で行なう特定の機能，それがそこで占める位置によるのであって，この位置が変わればかの諸規定も変わるのである。／それだから，生産物は，生産手段として新たな労働過程にはいることによって，生産物という性格を失うのである。それは，ただ生きている労働の対象的要因として機能するだけである。紡織工は，紡錘を，ただ自分が紡ぐための手段としてのみ取り扱い，亜麻を，ただ自分が紡ぐ対象としてのみ取り扱う（a.a.O.,S.197）。

　後者の記述からは労働の同質性抽出を読み込むことも可能である。
　しかし，『資本論』の場合，生産的労働の分析はこの生産過程間の連鎖で止まっている。生産的労働規定が，労働の同質性を基礎に，必要労働と剰余労働の別，生産力の発展に繋がっているわけではなく，第2節「価値増殖過程」に移行している。
　そこでは冒頭，これまでの労働過程論が労働の質的側面に限定した考察であり，言い換えると量的側面，労働の同質性はみていなかったかのような記述が認められる。

　ここでは商品生産が問題なのだから，これまでわれわれが考察してき

たものはただ過程の一面でしかないということは，じっさい明らかである．商品そのものが使用価値と価値との統一であるように，商品の生産過程も労働過程と価値形成過程との統一でなければならないのである（a.a.O.,S.201）．

価値形成過程を労働過程と比べてみれば，後者は，使用価値を生産する有用労働によって成り立っている．労働はここでは質的に，その特殊な仕方において，目的と内容とによって，考察される．同じ労働過程が価値形成過程ではただその量的な面だけによって現われる（a.a.O.,S.209）．

『資本論』における，生産的労働の本源的規定がいわば行き止まりに逢着した原因は様々考えられる．
　1つには，大内力が指摘しているように，マルクスが『資本論』に至っても労働過程と生産過程の違いに自覚的ではなかったことが原因であろう．

マルクスはそれ（労働過程を「その結果，すなわち生産物の立場からみれば」という生産的労働規定―引用者）によって労働過程が生産過程として現われるようになるとは明言していないし，事実それにつづく叙述においても，労働過程といういい方がつづいており，生産過程という言葉はでてこない．総じて『資本論』のばあいには，労働過程と生産過程とは，ほとんど区別されないままに，むしろ前者で統一されているといっていい（大内力 [1981]:229，註（10））．

しかし，最大の要因は，『資本論』では冒頭商品論で価値実体として抽象的人間労働が抽出されているため，労働過程を成果である生産物視点から生産過程と捉え返し，労働そのものを生産的労働と規定し直したところで，生産過程ないし生産的労働の分析から生産過程の有機的連鎖が示されるのがせいぜいであり，そこから「労働の二重性」を導き出す

必要性には迫られていなかったことであろう。後にみる宇野のように，「労働の二重性」で示された労働の同質性を基礎に労働の量的拡大，必要労働と剰余労働の別へと繋げなくても，既に労働の同質性は保証されていたため，節を変えて量的側面の考察が新たに始まると宣言することに痛痒を感じなかったのであろう。

(3)『資本論』解釈の立場

マルクスにみられた生産的労働理解の進展，すなわち目的視点による生産的労働規定は，『資本論』の叙述に忠実な立場には意識的に引き継がれた，とは言えない。

例えば，見田石介ほか[1971]では，労働生産過程は資本の章（第1編「資本の生産過程」の第3章「貨幣の資本への転化，絶対的剰余価値の生産」）で説かれている。第3章では，「Ⅰ貨幣の資本への転化」を承けた「Ⅱ絶対剰余価値の生産」において「1労働過程」「2価値増殖過程」「3剰余価値率」「4絶対的剰余価値の生産」の4つの節を展開し，「第4章相対的剰余価値の生産，絶対的及び相対的剰余価値の生産」へと繋げている。

「1労働過程」では，人間労働の主体性，及び労働手段と労働対象について解説した後，生産過程と生産的労働を次のように規定している。

> 成果である生産物においては，人間の活動が労働手段によって，労働対象にどのような変化をもたらしたかというその過程は消失している。したがって，生産物の立場からみれば，労働手段と労働対象とはともに，生産のための客観的条件として生産手段という概念に統一され，労働そのものは生産的労働としてあらわれる。／生産物は，労働過程の成果であるばかりでなく，同時に労働過程の条件でもある。なぜならば，生産手段，とくに労働手段の大部分は，過去の労働の生産物からなっているからである。まさに「道具をつくる動物」である人間は，自然から獲得した生産物を単純に消費するのではなく，生産物

の一部を生産手段としてもちいて，それを生産的に消費するのである（同:130-131，傍点原著）。

　生産物視点で人間労働を「生産的労働」と規定したうえで，「生産物は，労働過程の成果であるばかりでなく，同時に労働過程の条件でもある」として，その生産に必要な労働，生産的労働には「過去の労働」も含まれることを説いている。しかし，労働の生産的労働としての分析が「労働の同質性」を保証し，価値の形成の説明へと向かっていない，という点は『資本論』と変らない。
　現に「2 価値増殖過程」では，「商品が使用価値と価値との統一であるように，商品の生産過程は，労働過程と価値形成過程との統一である…そこで，これまで生産過程を労働過程として一面的に考察してきたわれわれは，つづいて，生産過程を価値形成過程として考察しよう」（同:131）と宣言し，「すべての商品は，価値としては，つまり社会的必要労働の結晶としては，質的に共通で量的にのみ異なるにすぎない」（同:131-132）と述べて，「労働の同質性」を商品の「価値として」の側面からしか捉えていないことを吐露しているのである。
　また島恭彦ほか[1972]では，労働生産過程は，資本の章に続く剰余価値の生産の章（第Ⅰ編「資本の生産過程」の第4章「剰余価値の生産」）で説かれている。第4章は，「Ⅰ絶対的剰余価値の生産」「Ⅱ相対的剰余価値の生産」及び「Ⅲ絶対的および相対的剰余価値の生産」の3節からなり，生産過程はⅠ節の冒頭「1労働過程と価値増殖過程」で説かれている。
　まず，自然に対する人間の物質代謝過程，労働過程における人間労働の主体性を説いた後に，生産過程としての捉え返しが示される。

　以上の全過程をこの労働過程の全結果である生産物からみれば，労働対象と労働手段とは生産手段となり，労働は生産的労働となる。この過程は歴史的・社会的形態にかかわらない単なる使用価値を生みだす過程であって，どんな歴史的・社会的形態にも共通な人間の永久的生

存条件となる過程である（同 :86）。

　しかし，この生産過程および生産的労働規定はこの１段落で終わっている。続いて，「だから労働過程の一般的性質は，この過程を資本家のために行なってもなんら変化しない。／商品の生産過程としては，労働過程であると同時に価値形成過程であり，資本主義的商品の生産過程としては，労働過程であると同時に価値増殖過程であるという両過程の統一である。／そこで今度は，生産過程を価値形成＝増殖過程として考察し資本主義に特有な現実の剰余価値の発生過程をみる」（同 :86-87）と，労働過程＝使用価値生産過程，生産過程＝価値生産過程という割り振りに従い，早々と価値増殖過程の分析に移っている。

　さらに，富塚良三 [1976] では，労働生産過程は資本の章（第Ⅰ編「資本の生産過程」の第３章「資本」）で説かれている。第１節「貨幣の資本への転化」を承けた「第２節　剰余価値の生産」の冒頭「1. 労働過程と価値増殖過程」は「a. 労働過程」「b. 価値増殖過程」「c. 不変資本と可変資本」から構成されている。「1. 労働過程と価値増殖過程」では，まず「商品が使用価値と価値という相異なる２要因からなり，それを生産する労働が具体的有用労働と抽象的人間労働という二重性をもつのと対応して，資本主義的生産過程は労働過程と価値増殖過程という二面の統一をなす」（同 :91，傍点は原文）と，労働過程が商品の使用価値，労働の具体的有用労働の側面に限定されることを冒頭で宣言している。

　また「a. 労働過程」では，人間固有の活動である労働の特徴として，目的意識的であること，労働手段を用いること，なんらかの形態で社会的労働として行なわれることの３点が挙げられ，２点目の労働手段について，労働手段及び労働対象を説明した後，「総じてこれらが，労働過程の客体的諸要因をなし，一括して生産手段（Produktionsmittel）と呼ばれる」（同 :94）と独自に生産手段を規定している。独自にと言うのは，『資本論』では，この生産手段規定は労働過程を結果である生産物から捉え返した生産過程論で規定されており，生産物によって生産手段の内容が限定されているのに対して，富塚の場合，そのような視点の

転換はなく，生産手段があたかも労働手段及び労働対象の総称であるかのような規定になっているからである。

それに続く「これらの労働過程の客体的諸要因は，主体的要因たる人間労働によって媒介されてはじめてその自然的諸属性が有用的諸属性として実現され，それらの生産に投ぜられた過去の労働が新たな生産物の形成に寄与するものとして意義づけられる」との叙述のうち，「それらの生産に投ぜられた過去の労働が新たな生産物の形成に寄与するものとして意義づけられる」は生産物の視点に立っていることを示しており，人間労働が抽象的な労働そのものや労働力ではなく，生産物の生産に要する「生産的労働」として限定されたことになるが，「生産的労働」という表現は一切用いられず，「b. 価値増殖過程」に移り，その要素としていきなり「疎外された労働」を挙げている。もちろん，上記後段の件から「労働の二重性」に向かうわけでもない。上に示したように，労働過程論が使用価値の分析に限定されている以上，当然であろう。

以上は70年代の概説書である。最近の概説書はどうか。

例えば，大谷禎之介 [2001] では，労働生産過程が序文で，商品，貨幣，資本を規定する以前に説かれている。

すなわち，まず序論「労働を基礎とする社会把握と経済学の課題」が，経済学の最重要課題である現代社会の経済の仕組み分析に先立ち，「現代」や「経済」について「ある程度の予備的知識」を得るための，「本論にはいる準備」として位置づけられている。

労働過程，生産過程，生産的労働も序論第2節「労働と生産」で規定されている。

労働を一定の時間を経て進行する過程として見るとき，それは労働過程である。労働過程をその結果として生産物をもたらす過程として見るとき，それは同時に生産過程である。…労働過程の要素を，生産過程に不可欠の要素として見れば，労働は生産物をもたらす生産的労働であり，労働対象と労働手段とは生産物の生産のための手段つまり生産手段である」（同:12-13, 傍点および強調体は原著。以下同様。）。

同節では，まず労働を労働過程に即し「使用価値を生産するための人間の活動」と規定し，次節「生産様式とその交替」で，生産過程に即し，生産物の生産に要する労働をその生産手段を生産した過去の労働と合算とみなして，「人間にとっての生産の本源的費用」という規定を与え，前者から具体的労働を，後者から抽象的労働を抽出するという形で「労働の二重性」を導いている（同:13-19, 強調・傍点は原著）。
　つまり，第2節の労働過程，生産過程では労働をその即自的姿，具体的労働として捉えているのに対応し，第3節は労働を「本源的」とは銘打っても，費用，すなわち生産要素の一つとして最初から数量化された抽象的労働として捉えているのである。労働を，商品の考察以前に，言い換えると，常識的に捉えようとしているのであるから，無内容な規定に終わっているのも致し方ないわけである。

　以上，マルクスの『資本論』解釈に忠実な立場では，基本的に『資本論』と同じく労働過程で人間の自然との間の物質代謝における人間労働の主体性を確認した後，その労働過程を「成果である生産物の視点」から捉え返した生産過程において労働対象と労働手段を生産手段として，また労働そのものを生産的労働として規定し直している。また，同じく生産物視点から，生きた労働と，様々な生産手段の生産に投じられた過去の労働が並べられ，そのものの「生産に要する労働」と括られることが確認されている。しかし，『資本論』と同様，このような生産過程間の連鎖の設定が「労働の二重性」設定へと向かっていない。
　その理由は「『資本論』における本源的規定の限界」で指摘したことと同じであろう。すなわち，『資本論』に倣い，冒頭商品論で抽象的人間労働を価値実体として抽出し，「労働の二重性」を設定済であるために，生産的労働規定により改めて「労働の二重性」を導出する必然性がなかったのである。しかし，商品交換関係から共通物として抽出された抽象的人間労働とは，「人間の生理学的力能の支出」（K.I,S.61）に過ぎず，社会性を帯びていない。

大谷に至っては,「労働の同質性」,抽象的労働の側面を,生産過程の有機的連関からではなく,ある物の生産に要する過去の労働と現在の労働を「生産する費用」として合算することによって導出している。これは,労働生産過程および「労働の二重性」を商品論に先立つ序論で論じていることが示すとおり,労働を生産手段と並ぶ生産の「費用」として,言い換える生産要素の1つとして常識的に捉えたことを示している。
　このような生産過程の,いわば等閑な規定,分析が,複雑労働の単純労働への還元論の迷走に影響していることは次章で詳しく述べる。

表1.1:『資本論』解釈の立場

「労働の二重性」		労働生産過程論
交換関係から「人間の生理学的力能の支出」として抽出（前社会的→（大谷）商品論以前＝序論で規定）	←懸隔→	労働過程の捉え返しによる生産手段・生産的労働規定は『資本論』継承。労働手段と労働対象は「生産のための客観的条件として」生産手段に統一。生産物は労働過程の成果かつ条件（過去の労働）としながら（見田），他方で,労働過程と価値増殖過程とを使用価値形成と価値形成とに割り振る『資本論』の叙述（K.I,S.209）を踏襲し,抽象的人間労働の考察に向かっていない。

(4) 宇野弘蔵の生産的労働規定——労働の二重性と生産的労働

　生産論の自立　宇野弘蔵が『資本論』における価値実体抽出方法を批判し,資本の生産過程論において価値法則の論証を試みたことは周知の通りである。なぜ冒頭商品論における価値実体の抽出が問題なのか,宇野[1962]はその要点を2つ挙げている。
　第1に,商品論において2商品の交換関係から直ちに価値実体として抽象的人間労働を抽出しているために,価値の実現が保証されているかのような展開となり,商品所有者が価値の実現を求めて私的行動を繰り返す結果として貨幣,資本等の流通形態が展開される関係の解明はむしろ阻害された[9]。

第 2 に，価値法則の論証としても抽象的人間労働の規定は十分ではない。

すなわち，商品交換は 2 商品の物々交換ではなく，貨幣を介した交換に他ならず，その貨幣価格の価値からの乖離も資本による生産把握によって調節可能となったように，価値実体の抽出も資本の生産過程を背後に置く必要がある[10]。実際に商品の価値実体としての社会的平均的労働の実現もマルクスのいう「労働の形態転換[11]」も資本の生産過程において可能になったからだ，という[12]。

こうして，宇野は，労働の二重性の一面としての抽象的人間労働を，『資本論』第 1 部における第 5 章「労働過程と価値増殖過程」以降を独立させた生産論において規定することになった。

「労働＝生産過程」の構成　では，宇野は抽象的人間労働，すなわち労働の同質的側面をどのように導いたか。

宇野『経済原論』(旧版, 宇野 [1950,52]) では第 2 編生産論の第 1 章「資本の生産過程」冒頭節「一　労働＝生産過程」が 3 つの項に分れている。人間と自然との間の物質代謝を人間が労働手段，補助原料を用いて労働対象たる自然に働きかける主体的な過程として叙述する「A 労働過程」，主体的な労働過程が生産物の見地から生産的労働，生産手段を 2 要素とする客観的な過程として捉え返される「B 生産過程における労働の二重性」，剰余生産物はどの社会でも発生するものの資本主義社会ではその増大が目標とされるため生産力が非常に急速な発展を遂げることになったと説く「C 生産的労働の社会的規定」の 3 項である。

このうち A 項の末尾で生産過程と生産的労働を次のように規定する。

労働過程において，人間は自己の労働力をもって労働手段を通して労働対象物に，一定の目的に従った変化を与えて，自然物を特定の使用価値として獲得するのであるが，労働のかかる生産物はもはや労働過程とは離れた 1 つの物としてあらわれる。自然物と同様の外界の対象物をなすわけである。ただそれは生産せられたる対象物である。そし

てこの生産物の見地からすると，労働対象も労働手段も共に生産手段とせられ，労働もまた生産的労働としてあらわれ，労働過程は同時に生産過程となる（宇野 [1950,52]:88）。

労働の二重性設定　次いで，B項において，綿糸生産を例に，その生産に投じられる直接生産労働およびさまざまな生産手段生産労働が絡み合う生産系列の中で，労働の二重性が抽出されている。

例えば10斤の綿花と1台の紡績機械とをもって…6時間の労働によって10斤の綿糸が生産されたとすると，10斤の綿糸は6時間の紡績労働の結果に外ならない。…しかしこの10斤の綿糸は単に人間の労働6時間の生産物とはいえない。綿糸の生産に生産手段として役立つ綿花，機械の生産にも労働を要している。仮に10斤の綿花に20時間の労働を要し，機械の生産にも幾時間かを要するものとして，この紡績労働過程中に消耗される部分が4時間分の労働生産物に相当するとすれば，生産手段自身にすでに24時間の労働を必要としていることになる。そこで綿糸10斤は，単に6時間の労働の生産物ではなく，24時間の過去の労働に6時間の紡績過程の労働を加えた30時間の労働の生産物である。／この紡績過程で行われる労働は，かくして二重の性質を持っている。…すなわち一面では綿花を綿糸に生産する具体的なマルクスのいわゆる有用労働としてであり，他面では24時間の労働生産物たる生産手段に，新たに6時間の労働を加え，10斤の綿糸の生産に必要な労働30時間の一部を構成するものとしてである。後者は，前者の具体的有用労働に対して抽象的人間労働ということが出来る（同:88-89）。

抽象的人間労働の抽出を承けて，「C　生産的労働の社会的規定」では，同質的な労働における量的区分，必要労働と剰余労働の区分と後者の拡大，生産力の発展が説かれることになる。このような「一　労働＝生産過程」における抽象的人間労働の抽出と必要労働・剰余労働の分割を承

けて,「二　価値形成＝増殖過程」「三　資本家的生産方法の発展」と,価値と労働の関係,剰余価値の発生と増進が説かれるのである。

　ちなみにこうした論理構成は,宇野『経済原論』（新版, 宇野 [1964]）でも,「第一節　労働生産過程」内が項目分けされていないだけで,基本的に踏襲されている[13]。

　すなわち,「労働過程は,その目的に対する結果としての生産物からいえば生産過程である。すなわち労働対象は労働手段と共に生産手段とせられ,労働力もまた生産手段と共に生産の二要因をなすものとなる」（宇野 [1964]:50）と生産過程という視点を設定したうえで,同じ綿糸生産の例をとって「労働の二重性」,抽象的人間労働を抽出している。

　　紡績過程の労働は,一方では綿花を綿糸にかえ,綿花や機械等の生産手段の生産に要した労働時間を新生産物たる綿糸の生産に要する労働時間の一部分とする,マルクスのいわゆる有用労働として機能し,同時にまた紡績過程の労働時間をも綿花その他の生産手段の生産に要した労働時間と一様なるものとして,新生産物の生産に要する労働時間とする,マルクスのいわゆる抽象的人間労働として機能するという,二重の性質を有しているのである（同:51）。

つまり,

[A] 生産過程とは,人間の自然との間の物質代謝過程である労働過程を,結果である生産物の視点から捉え返したものである。

[B] 結果としての生産物視点,すなわち目的視点からすると,労働対象と労働手段は共に生産手段に一括できると同時に,人間の主体性を表現していた「労働そのもの」も生産的労働として位置づけられる。

[C] ある生産物の生産に要する生産的労働と生産手段の有機的連関において,人間労働の具体的有用労働の側面と抽象的人間労働の側面,

すなわち「労働の二重性」を認めることができる。

以上の如く，宇野の立論においては，生産過程及び生産的労働の規定が抽象的人間労働の抽出に不可欠の場面設定になっていた[14]。言い換えると，生産的労働の規定と抽象的人間労働の抽出とは表裏一体の関係にある。

(5) 生産的労働論の埋没

このように宇野の経済原論では，同質的労働として価値実体を抽出する際の基本的視座として生産的労働概念が枢要な位置を占めていた。

にもかかわらず，宇野の系譜からは「生産的労働」を積極的に取り上げる論者は，後で紹介する鎌倉孝夫や菅原陽心ら少数を例外として，ほとんど現れなかった[15]。

その事情を主だった論者の著作で確認してみよう。

鈴木鴻一郎編 [1960]　労働生産過程は第2編「資本主義的生産」第1章「資本の直接的生産過程」第1節「絶対的剰余価値の生産」で説かれている。第1節は「一　生産過程」「二　価値形成および増殖過程」「三　絶対的剰余価値の生産」から成る。「一　生産過程」では，「1　労働過程」において，人間労働が労働対象，労働手段に対し主体的であることを説いた後，人間の自然に対する合目的的活動としての労働過程の成果は人間の目的にしたがって形成されていることを挙げて，「労働過程によって，人間は自然を主体化し，自己を客体化した」，「このようにして，労働過程は生産過程としてあらわれ，労働はこの生産過程の主体的な要因として生産的労働という規定をあたえられ，労働対象と労働手段とはその客体的な要因として生産手段という規定をあたえられる」(同:100)と，労働過程の客体視という視点から生産手段と生産的労働を規定している。

続く「2　生産過程における労働の二重性」では生産過程の設定から

いきなり「労働の二重性」が宣言されている。

　生産物が目的によって規定された特定の人間活動によって占取され，人間にとって有用な形態をあたえられた自然であるということは，生産的労働が生産手段を労働対象および労働手段として消費し，それを生産物の特定の有用な形態へつくりあげた合目的的な人間活動，つまり具体的有用労働であるということであるが，しかしこの人間活動は，それ自体同時に定量の人間労働力にほかならないのであって，その意味では，生産物は一定量の人間労働の対象化であり，生産的労働は人間労働力の量的な，したがって時間によって尺度されうる支出であるといってよい。だから生産的労働は具体的有用労働という質的な側面と，人間労働力の支出という量的な側面との二面をもっているのである（同：101-102）。

　奇妙なことはその後に，生産過程の有機的連鎖を示して「労働の二重性」が再宣言されていることである。

　生産物は人間労働の対象化としては，たんに生産手段を労働手段および労働対象として消費した人間活動に支出された労働の対象化につきるものではない。生産手段それ自体がすでに人間活動によって変形された自然であるかぎり，生産手段そのものもまた一定量の人間労働の対象化にほかならない。…したがって，生産物は生産手段のうちに対象化されていた労働と，新たになされた労働との対象化であり，生産的労働は，生産手段を労働対象および労働手段として消費することにより，そのうちに対象化されていた労働を生産物のうちに移転したわけである。／このように生産物に対象化された労働が，生産手段に対象化されたていた労働と，生産手段に新につけくえられた労働との合計からなるということは，この生産物を直接に生産した労働が，生産手段を生産した労働を，一面では自己と全く同質的な人間的労働として。他面では自己と区別され，自己の手段として役立つような形態で

対象化された労働として，二重に前提している，ということにほかならない。おなじことは，生産手段それ自体を生産した労働についても，さらにそのまた生産手段を生産した労働についてもいうことができるであろう。かくして，すべての生産的労働は，それが他の生産的労働を，自己の生産手段を生産する労働として前提するかぎり，この他の生産的労働をば，一方では自己とおなじ人間労働力のたんに量的な支出として，他方では自己とは質的に区別された，自己にとって有用な形態における支出として，質および量の二側面から，内的に前提する関係にあるのである（同:102）。

「労働の二重性」が二重に規定されているということは，前段の生産過程の設定からいきなり「労働の二重性」を導出したことが不十分と自覚していたからであろう。

岩田弘 [1972]　労働生産過程は第1編「『資本論』と資本主義」第3章「資本主義的生産と価値法則」第1節「労働・生産過程」で説かれている。第1節は「一　労働過程」「二　生産過程」「三　経済原則」から成る。「一　労働過程」では，労働過程における人間労働の主体性が指摘された後，労働過程の結果が労働生産物であることから，「労働過程をとおして人間は，労働対象と労働手段を主体的に消費しつつ，自己の主体的活動を労働生産物へと客体化したわけである。したがって，労働生産物においては，労働過程の全内容は，この労働生産物の特定の有用な形態のうちに客体化されている。／それゆえ，いまやわれわれは，この客体的な生産物の立場からふりかえって，労働過程を客観的な生産過程として考察しなければならない」（同:114）と，主体性重視の労働過程に対する生産過程の客体志向が強調される。

次いで，「二　生産過程」では冒頭「生産物は，生産過程のなかで特定の有用なかたちで支出された一定量の人間労働の凝固物として，生産物である」と宣言すると，いきなり「労働の二重性」を導き出している。すなわち，

したがって，生産物をつくりだした生産的労働が，質および量の二側面をもつことは明らかである。／生産的労働の第一の側面，すなわち，質的側面は，具体的有用労働と呼ばれる。それによって，生産物に特定の有用な使用価値の姿があたえられるからである。／生産的労働の第二の側面，すなわち，量的側面は，抽象的人間労働と呼ばれる。前者が種々な生産物をたがいに使用価値を異にする個々の生産物として質的に区別する側面であるとすれば，後者は，相異なった使用価値の生産物を一様に労働生産物たらしめる抽象的な量的側面だからである(同:115)。

生産的労働は，「生産物をつくりだした」と規定されただけで，質量両面を有すると断定されている。このうち，「生産物に特定の有用な使用価値の姿があたえられる」具体的有用労働の側面は常識的にも理解できる。しかし，「相異なった使用価値の生産物を一様に労働生産物たらしめる抽象的な量的側面」としての抽象的人間労働は説明がなければ理解しがたい。例えば，『資本論』が2商品の交換関係から使用価値，具体的有用労働と共通物以外を1つ1つ剥ぎ取り，最後に抽象的人間労働を抽出したことと比べても，岩田における「労働の二重性」設定の安直さ，説明不足ぶりは明かであろう。

降旗節雄 [1976]　労働生産過程は第2編「原理論としての『資本論』」第2章「生産過程論」第1節「資本の生産過程」「1. 労働過程と生産過程」で説かれている。

　人間と自然との物質代謝の過程である労働過程における人間労働の主体性を指摘した後，生産物視点に立つ生産過程の客観性を強調するのは鈴木，岩田と同様である。しかし，降旗の場合には生産過程の要素が生産手段と生産的労働ではなく，生産手段と労働力とされている。

　この労働過程は，その結果としての生産物の立場からみれば，生産過

程であり，労働手段と労働対象とは一括して生産手段とされ，労働力とともにこの生産過程における二要因として現われる。つまり労働力の主体的発現過程としての労働過程が，生産物の立場からは，労働力と生産手段とを二要因とする客観的過程として現われることになる（同:125）。

「労働の二重性」は生産過程が人間にとって普遍的な過程であることからいきなり導出されている。

この生産過程は，あらゆる社会に共通する経済過程であって，社会形態がどのように変ろうと変ることのない原則的関係によって規定されている。すなわちこの過程は，(1) 具体的有用労働と抽象的人間労働という二面性をもった労働によって実現され，(2) 同時にまた，必要労働と剰余労働という関係において実現されている（同）。

降旗が生産過程の2要因を生産手段と生産的労働としてではなく，生産手段と労働力として捉えていることは，生産過程をある生産物を生産する過程の一部として捉えるのではなく，単体として捉えていることを意味する。その限りでは，労働過程と生産過程の違いは明確ではなく，生産手段と労働力は労働対象及び労働手段と労働そのものを言い換えたにすぎない。逆に，「労働の二重性」をあたかも人間労働の属性であるかのように無媒介に導出しているからこそ，生産過程をある生産物を生産する過程の一部として捉える，言い換えると生産過程の有機的連関を視野に入れる必要がないのであろう。

伊藤誠 [1989]　労働生産過程は第Ⅲ編「剰余価値の生産」第7章「働くことの意味」で説かれている。
　同章は「1　労働過程」「2　抽象的労働」「3　剰余労働」から成り，1では労働過程の三大要素と人間労働の主体性が説かれ，2では生産過程と労働の二重性が独自に項目立てされて説かれている。すなわち，「労

働過程はその目的に対する結果としての生産物からみれば生産過程とされる。生産過程をみる場合には，労働条件すなわち労働対象と労働手段とはあわせて生産物をつくりだすための手段とみなされ，生産手段と規定される。そして生産手段とこれを用いる主体としての労働力とが生産の二要因とされる」（同:55）と，生産過程の二要因は，降旗と同様，生産手段と労働力と規定されている。

　しかし，伊藤の場合，一方で労働対象及び労働手段が「生産物をつくりだすための手段」，生産手段と捉え返されているために，労働そのものについても，ある生産物をつくりだすための」連関が視野に納められ，その連関において「労働の二重性」が抽出されている。すなわち，「ある特定の使用価値物をつくりだす生産過程は，その二要因の維持補給のために，他の生産過程における生産手段と生活手段の生産を直接間接に前提する。生産過程はこうして多かれ少なかれ相互に社会的関連をもってくりかえされている」（同）と生産過程の連関を示したうえで，次項「労働の二重性」冒頭の，「生産過程の社会的関連のなかで，人びとの労働は二重の性質を示す」（同）に繋げている。

　鎌倉孝夫 [1996]　労働生産過程は第2編「経済法則確立の本質的根拠（生産論）―資本・賃労働関係論」第1章「資本の生産過程―資本による実体包摂」第1節「労働・生産過程―経済社会の実体的根拠」で説かれている。第1節は「1 労働過程」「2 生産過程」3 剰余の生産」から成る。

　その特徴は，「1 労働過程」で「労働過程は，人間労働による物すなわち生活の物質的基礎の産出過程である。したがって，その主体としての人間の労働力の維持，再生産に関わる生活過程は，本来の労働過程には含まれない」（同:126）と生活過程が労働過程に含まれないことが宣言されていることが第1である。これが後に生活過程に投じられる労働は生産的労働に含まれないという主張の伏線となっている。

　第2の特徴は，「(2) 人間労働の二面的性格」という項目の中で，つまり「2 生産過程」に先立って「労働の二重性」が説かれていることで

ある(鎌倉の用語法では具体的有用労働と所要労働[16])。

「2 生産過程」では生産的労働の内容が詳細に検討されている。

まず労働過程をその成果である生産物の側から捉えた規定,生産過程は「その内容は労働過程と同一であるが,産出された結果からこの過程をとらえかえすことによって,この過程の新たな性格の側面が現れる」(同:131)として,生産手段の規定とその内容検討に入る。

> 生産物の側からこの過程をとらえると,その要素は,この使用価値を生産するのに行われた生産的労働と,生産手段ということになる。生産的労働とは直接には労働が対象化されて生産物として結果する労働である。形成された生産物を基準にして,労働が意味づけられるのである。だから,その成果を生産物として現さない労働は,生産的労働に含められない(同)。

ここでは,生産物視点とは「形成された生産物を基準にして,労働が意味づけられる」ことであり,「生産的労働とは直接には労働が対象化されて生産物として結果する労働」と明言されている。

続く註35)では,技術・研究開発に関わる労働,労働の安全に関わる労働を例に,たとえ社会的観点からは有用な労働であっても「新生産物形成として成果を示すとは限ら」ず「生産的労働には含まれない」(同)と述べている[17]。

さらに,鎌倉は「(2) 人間労働の種類—社会的分業」という独立の項を立て,労働分野,あるいは「労働の領域」という視角から生産的労働の内容を明らかにしている。すなわち「ここでは生産的労働をめぐる経済学史上の議論をふまえ,現代的な新しい労働分野の形成をも一定の射程において,人間労働—直接には有用労働の側面を中心に,労働の分類——その様々の種類の労働が社会的分業として現れる—を試みておく」(同:132)と。

鎌倉が挙げる労働領域は4つである。第1に物,使用価値の生産労働,第2に,保管,運輸,生産管理ないし指揮に関わる労働,第3に,教育,

医療・保健，福祉，あるいは通信，文化・芸術活動など，いわゆる対人サービス，第4に，土地や株式の売買，あるいは銀行労働など資本主義経済に固有の労働領域である。

まず第1の労働領域については，「生産的労働は，人間が何らかの欲求の対象，使用の対象とする物，使用価値の形成，産出に関わる労働として規定される。したがって，何よりも第1に，対象（自然，生産手段）に働きかけ（労働を加え），これを加工し，人間が利用しうる物，対象を生産する労働，すなわち物質的富を産出する労働が，生産的労働である」（同）と，生産的労働であることを認めている。

第2の労働領域については，「直接に対象，生産手段に働きかけこれを加工するのではないが，しかし生産物の形成，産出に必要不可欠の労働である」（同:133）として，生産的労働と認定している。

この領域には，まず①保管，運輸の労働がある。これは，対象を加工するのではなく，対象を保存し，あるいは使用する場所の移動を行うのであるが，生産物の生産には不可欠である。②生産過程の労働力の配置と分業的調整，同時に原料はじめ生産手段の配置と調整など，生産管理，あるいは指揮に関わる労働，生産された生産物の分配に関わる管理（経営管理）に関わる労働も，生産物の形成，産出に必要である限り，生産的労働としてとらえなければならない。なお，これらの労働領域は階級社会では労働者に対する管理，監督と結びついて行われることが多いが，このことからそれを階級支配上の仕事として限定してとらえるのは間違いである。生産手段の仕入れ，生産物の配分に関わる情報収集，操作なども，この第2の労働領域に含められる（同）。

第3の労働領域については，「物としての対象に働きかけて，物，対象を生産する労働ではないので」，あるいは「例えば教育労働の場合のように，対象が人間（＝主体）である以上，この労働を行う者がかりに一定の目的，意図をもって労働しても，それがその目的にそった結果を生み出すとは限らない」という理由で，生産的労働ではない，と断定し

ている（同:133-134）。

　第3の労働領域は，人間に対して働きかける労働領域（対人的サービス労働）である。これは，教育，医療・保健，福祉など，人間の育成，健康保全・回復に関する労働，あるいは生活上の交通，通信に関わる労働，文化・芸術活動，市民生活上の各種サービス活動などが含まれる。この労働領域は，人間の社会的生活条件に関わるものとして，社会的に有用，必要であるが，物としての対象に働きかけて，物，対象を生産する労働ではないので，生産的労働ではない。また労働産出効果も，直接人間から独立した対象として現れず，人間自体の中に吸収され，あるいはその生活自体の中で消費される。この労働は，生活（消費）領域に関わり，人間，すなわち社会の主体の形成，維持，発展に関わるが，同時に労働あるいはその効果が直ちに消費されてしまう。だから人間にとって使用の対象である物の生産を意味する固有の生産的労働の範疇には入らない（同）。

　第4の領域については，「支配を維持することだけを目的とする労働」であり，「いうまでもなく生産的労働には含まれない」と断罪している。しかし，他方で，「商業労働や資金の社会的配分を行う銀行労働には，上掲第2領域の②に関わる，例えば，物の配分や，生産物在庫管理，在庫の効率的な使用等の労働の側面が，含まれていることもある」（同:134）と留保を付している。

　継承されなかった論点　以上，基本的に宇野の見解を踏襲している論者の労働生産過程論を確認してみたところ，宇野が示した生産過程論における3つの論点のうち，特に論点 [B]「生産的労働の設定」が継承されていない，少なくとも意識されていないことが浮かび上がってきた。
　他方，宇野の論点 [A]「生産物の視点からの労働過程の捉え返し」と，論点 [C]「労働の二重性の抽出」はいずれも継承されている。しかし，それは当然であろう。論点 [A] は『資本論』が与えている捉え返し規定

そのもの[18]，いわば生産過程の原初的規定であるし，宇野も踏襲のうえ強調していた規定であるから。また，論点 [C] は，『資本論』における商品論での価値実体抽出を批判して，宇野が創案した価値実体抽出の資本の生産過程論への移設そのもの，価値と労働の同定の準備作業そのものであるからである。これらを継承しなければ，宇野理論に与すると言えない。

しかし，宇野後継者の多くが論点 [B]「生産的労働の設定」を欠きながら，あるいはその設定を意識せずに，むしろ論点 [A]「労働過程の生産過程としての捉え返し」から直接に論点 [C]「労働の二重性の設定」を済ませているのは，実は宇野が論点 [A] を強調した意味が全く理解されていなかったのではないだろうか。多くの論者は生産過程を，人間労働の主体性に着目する労働過程に対し，生産物を生み出す客観的要素に着目した概念と形式的に捉えており，したがって生産手段と並ぶ要素は生産的労働とは限らず，降旗や伊藤のように抽象的な労働力に置き換えられうるのであった。

この点，[A]「労働過程の生産過程としての捉え返し」に対する無理解を指摘したのが大内力 [1981] であった。

この，生産過程というのは，同じ労働過程を，ただ「生産物の見地」から客観的にみたものだという（宇野旧原論の―引用者）説明自体は，はなはだわかりにくいし，ミスリーディングでもある。／この点は鈴木教授や日高教授になると一層わかりにくい説明になる。…この一文（労働過程によって，人間は自然を主体化し，自己を客体化した云々―引用者）はすこぶる難解で，どうしても真意をつかみえない。せいぜい労働過程の結果として，生産物は人間の労働の対象化されたものとなる，その生産物の見地からみれば，労働過程は生産過程となる，と主張されたいらしい，ということがおぼろげながらうかがえるだけである。しかも，なぜそうなるのかは何の説明もない。…生産物の立場からみると，社会的関連が問題にならざるをえない，という点が不明確のままにのこされている点が一番問題であろう（大内力

[1981]:230-231)。

大内力の生産過程理解は明確である。

人間の生産活動はこのように個別的にみれば労働過程として現われるが,いうまでもなくそれは個々ばらばらにおこなわれるわけではなく,一定の社会的編成のもとで,相互に関連し,依存しながらおこなわれなければならないものである。すなわち,ある程度でも社会的分業があることを前提とすれば,労働対象や労働手段は上述のように大部分が労働生産物なのだから,他の労働過程の結果としての生産物が,当該労働過程に移されたものと考えなければならない。同様に,この労働過程の生産物も,自己の消費のためとは限らず,他の労働過程に原料を供給するとか,他人の労働力の再生産のために使われるとかといった役割を果すこともあるであろう。社会全体の生産＝再生産はこのように諸労働過程の相互依存関係のもとにおこなわれるのだが,そうなればそこには,さきにも示唆したように,かならず一定の原則的秩序が必要となるのであって,個々の労働過程はそういう社会的な編成の一環として位置づけられることになる。このように個々の労働過程を,社会的に編成された生産活動の総体の一環として捉えれば,それは生産過程 Produktionsprozeß: process of production となるわけである（同:229, 傍点は原著, 以下同様）。

ちなみに大内力自身は,相互連関におかれた生産過程における生産的労働の特性として,以下のように「労働の二重性」を説いているものの,生産的労働自体の定義はなく,単に生産過程の要素として触れているだけである。むしろ労働過程論における人間労働の定義として,現実には他の活動との境界が曖昧な面があることを踏まえた上で,「ここではそれを,何らかの使用価値を獲得するための,合目的的な活動と理解しておけば足りる」（同:225註2）と説いている。

このようないみでの生産過程を考えるとすれば，それが過去の労働の生産物たる生産手段にたいして，新たに生きた労働がくわえられることによって生産物がつくり出される過程として現われることはいうまでもない。しかしこのばあいの生産的労働に着目するならば，そこに二重の性質が現われていることがただちに看取されるであろう。いわゆる労働の二重性 Droppelcharakter der Arbeit: twofold character of labor（同：231-232）である。

生産過程論において相互関連が明確になることは山口も強調している。

最終消費までの間に人間労働は中間的に様々な生産物として外化し，それらをまた労働手段なり労働対象にして，労働の媒介や対象化を繰り返すのである。…こうして，人間集団の内部の労働と労働の連関は，この労働の中間的な生産物化の関係を通して，生産物と生産物の連関を作りあげることになる。労働過程を生産過程として捉え直すのは，人間の自然との物質代謝がこのように無数の特殊な生産物の生産過程の有機的な分業編成体と生産物連関を作りあげることを通して遂行されることを示すためなのである（山口 [1985]:85）。

しかし，一般的に宇野後継者の間でも労働過程を生産過程と捉え返すこと（[A]）の意味は判然とせず，そのことが生産的労働の位置付け（[B]）にも影響を与えている。

すなわち，鈴木らのように，主体的な労働過程の客体化論では，人間労働の主体性を強調する際には，労働対象となる自然やその加工物と，人間労働が対象に向かう際の労働手段が区別されるものの，この過程を客体視すると労働対象も労働手段も生産手段として一括できる，という説明で終わっている。これでは，前項で確認した『資本論』解釈に忠実な立場と同様，生産手段が労働対象と労働手段の総称に止まっているという問題に加え，労働過程における「労働そのもの」が生産的労働と捉

え返されることの意味が説明できない。降旗，伊藤が生産過程の二要因として生産手段のほかに，生産的労働ではなく，労働力と一層抽象化して捉えているのも，「労働そのもの」を捉え返す必要性を認識していないことの証左であろう。

「労働そのもの」を生産物視点から「生産的労働」と規定し直すことの意味を考え直すのに参考になると思われるのが，鎌倉と山口の規定である。

鎌倉は，前述のように，生産的労働に「人間が何らかの欲求の対象，使用の対象とする物，使用価値の形成，産出に関わる労働」（鎌倉[1996]:132）というオーソドックスな規定，いわゆる本源的規定を与え，教育・医療・保健・福祉等第３の労働領域の対人サービスについては，「物としての対象に働きかけて，物，対象を生産する労働ではないので，生産的労働ではない」と断定している。しかし，「物としての対象に働きかけて，物，対象を生産する労働ではない」という基準は，第２の労働領域の運輸・保管，生産管理・指揮等には既に使えなくなっていた。「生産手段に働きかけこれを加工するのではないが，しかし生産物の形成，産出に必要不可欠の労働である」（同）と認めていたからである。そもそも鎌倉自身の定義では，「人間労働による物すなわち生活の物質的基礎の産出過程」が労働過程であって，「その主体としての人間の労働力の維持，再生産に関わる生活過程は，本来の労働過程には含まれない」のであるから，対人サービスは労働ではない，と断定する方向もありえた。しかし，同じ労働力の維持・再生産といっても，個人的な生活過程ではなく，企業内の技能教育や産業医療もあり得る。一方で「現代的な新たな労働領域の形成」を認め，しかし他方で「物，対象を生産する労働」基準も使えない。そこで，追加されたのが「教育労働の場合のように，対象が人間（＝主体）である以上，この労働を行う者がかりに一定の目的，意図をもって労働しても，それがその目的にそった結果を生み出すとは限らない」という新たな基準であった。これはいわゆる定量性の有無という基準である。

これに対し，山口は，労働過程を生産過程と捉え返すことにより，あ

表１．２：宇野継承者における生産過程３論点

論者	[A] 労働過程の捉え返し	[B] 生産的労働規定	[C] 労働の二重性
鈴木	主体行為の客体化	生産手段と並ぶ生産要素として規定	生産過程における労働の特性として説明
岩田			
降旗		生産手段と並ぶ生産要素を労働力として規定	
伊藤	生産物の生産に要する現在および過去の労働相互の連関が視野に入るのが生産過程		生産過程の相互連関から抽出
大内力		生産過程の要素として規定	
菅原・山口		生産過程の連鎖の中で最終消費とは区別され「生産的」労働	
鎌倉	使用価値の形成／モノを造る	「形成された生産物を基準にして、労働が意味づけられ」「直接には労働が対象化されて生産物として結果する労働」と規定。	生産過程論以前に労働過程における労働の特性として説明

る生産物を生産するまでの生産過程間の分業編成が明確になり、「生産する財と最終的に消費する財の分離が生じ、したがってまた生産主体と消費主体の分離が生じ、生産と消費の区別を措定することができることになる。こうしてまた個々人の労働は生産物を生産する生産的労働という規定を受けとり、その規定性において消費と区別されることになる」（山口[1985]:85）と、「生産過程」ないし「生産的労働」における生産とは消費に対する生産であることを明言している。そして、最終消費ではなく生産ということが目的編成の合理性、効率性を求め、次節で詳論する、ある物の生産に要する基準編成とその定量性が導かれるのである。

　以上の叙述を表１-２のようにまとめることができる。宇野継承者は、総じて[B]生産的労働が労働過程にいう「労働そのもの」と明確に区別されていない。そのため、[A]からいきなり[C]が導かれている。言い換えると、あたかも労働自体の定義的属性かのように「労働の二重性」が設定されている。

鈴木，岩田，降旗の場合は，
[A] 生産過程＝主体的労働過程の客体化 → [C] 労働の二重性であり，
大内力，伊藤の場合は，
[A] 生産過程＝労働の横の関連 → [C] 相互媒介された労働の二重性である。

これに対して，山口や後に触れる菅原にあっては，生産過程が労働の連関であることにより分業の中で最終消費と生産が区別されることにより，「労働そのもの」とは異なる「生産」のための労働が明らかになっている。
[A] 生産過程＝労働の横の関連 → [B] 分業により最終消費と区別された「生産」的労働 → [C] 相互媒介された労働の二重性である。

以上，生産の考察が，3つのポイントそれぞれで深められず，形式的に済まされた理由は様々あるであろう。
　まず第1に，宇野による『資本論』の蒸留法批判と資本の生産過程論における価値実体抽出という結論のみを受け入れてしまったために，生産過程論において如何にして「労働の二重性」，その一方である抽象的人間労働が抽出されるべきかという課題が意識されなかった。
　第2に，宇野が経済原論における労働を単純労働に限定していたために，生産的労働には調整労働等，労働者に裁量が求められたり，特別の訓練が求められたりする労働等，単純労働以外が含まれることは最初から視野に入っていなかった。

経済学の原理論では，その対象を純粋の資本主義社会とすると同時に，労働もすべて単純労働として同質のものと想定しなければならない。／精神的労働も事務労働も，労働には相違ないが，生産物を生産する労働ではない。たとえば，新しい生産方法を発明するための精神的労働は，その生産方法による生産物の生産に必要な労働ではない。またその生産方法を決定する，たとえば新しい機械を生産するのに必要な

労働でもない。この点が明らかにされないと，商品の価値の形成をなす労働の意味が不明確になる。事務労働も同様である。たとえば商業労働は新しく物を生産する労働ではない。これらの点が不明確であると，資本家の労働も価値を形成する労働であるかのように誤解される（宇野編 [1967a]:86）。

　このようにして，多くの宇野後継者の間で，論点 [A] から論点 [C] への飛躍，言い換えると論点 [B] の看過が起きたのである。
　しかし，論点 [B] 生産的労働が設定されなかったり，設定されたとしても生産要素の 1 つとして抽象的に捉えられた労働力と等置されたりする限り，論点 [C]「労働の二重性」，抽象的人間労働を『資本論』解釈論者と同様に，「人間の生理学的力の支出」レベルで捉えることになり，生産的労働は暗黙のうちに量的等置から類推される単純労働に等置され，生産的労働の系列の連結に必要な運輸や保管，系列において不可避的に発生する労働の過不足を調整する労働の分析へと進む途が閉ざされたり，消費・生活領域にあって必ずしも単純化が求められない労働が視野の外に置かれたりすることになるであろう。

3　基準編成と生産的労働

(1) 生産的労働の有機的編成

　生産過程論ないし生産的労働規定をベースに「労働の二重性」を説くという宇野のオリジナルな発想を引き継いでいる論者は限られる。

　侘美光彦の生産的労働論　ここでいう生産的労働，あるいはその一側面である抽象的人間労働に，使用価値の加工に直接関わらない運輸労働等を加えるという点で先行したのは侘美光彦（侘美 [1968][1972]）である。

侘美光彦は「マルクスの資本循環論の方法的核心は，社会的生産過程ないし実体を把握した流通形態としての資本が，全体として，どのように自立的な運動形態を展開しうるのか…を明らかにするところ」(侘美[1972]:93) にあるという観点から，『資本論』第2部のなかの，草稿執筆時期による流通過程取り扱いの差異に着目する。

　すなわち，第1編「資本の諸変態とそれらの循環」のなかでも，1870年以前の第4稿を基にした第5章「労働時間」，第6章「流通費用」は，「時間」と「期間」を概念上区別しておらず，流通を生産終了後に位置づけていたために，保管労働の一部や運輸労働の価値形成性については，生産過程で価値が形成された後の流通過程における諸費用の価値形成性を「追加的に」論じるという論理構成になっている。これに対して，その主要部分が1877年に完成した第5稿を基にした第1‐4章，いわゆる資本循環論は運輸労働を最初から生産過程と規定している (K.II,S.61-62, 第1章第4節「総循環」)。

　侘美によれば，この齟齬は次のような事情による，マルクス自身が『資本論』第1部を『直接的生産過程の諸結果』で終えるという構想を覆し，第7篇「資本の蓄積過程」で終えることにしたのであり，続く第2部冒頭の資本循環論における資本は既に労働生産過程を包摂した産業資本であり，社会的物質代謝に係わる労働を生産過程に含めて理解していたからである，と。

　　かくして生産過程とは，資本主義的に特有な形態規定をとりさっても存在するところの，社会的相互関連をもった労働過程の全体であり，つまり社会的物質代謝を行なうに必要な労働が支出される過程全体であるということになる。したがってこの物質代謝の過程をになう運輸，通信，その他の社会的労働過程は，当然生産過程そのものとして把握されねばならない。…もしそうであるとすれば，一定の社会的生産力を前提したとき，その社会の物質代謝─いわゆる物質的生産とその分配─に必要な社会的労働過程には，運輸・通信労働のみならず，このようなみでの保管労働，簿記労働，さらにその他のいわゆる分配労

働さえ含まれ，これらを含む社会的生産過程が，特殊商品経済的形態規定—商品，貨幣の形態転換の過程—に包摂されてはじめて，その社会的必要・剰余労働の過程が，価値形成・増殖過程としてあらわれるということになるであろう。そして流通費用とは，このように価値増殖する資本の運動を，形態転換の面において，つまり W'-G'-W という特殊資本主義的運動を促進するために投下される諸費用として規定されねばならない。それは具体的には，いわゆる宣伝費用に代表されるような諸費用である（侘美 [1968]:224-225）。

こうして，侘美にとって，流通費用とは宣伝広告費に限定され，通常，流通費用に含められる運輸，保管，通信，簿記を担う労働は生産費用として，その価値形成性が認められることになった。

しかしながら，侘美の場合には，運輸労働等の価値形成を認める根拠をあくまで超歴史的な社会的物質代謝に係わる労働の構成要素である点に求めており，後に述べる菅原，山口の生産的労働論と大きな違いがあった。

すなわち，すぐ後に紹介する菅原と比較すると，宇野の生産過程論に対し，菅原が労働生産過程の社会性が不明確である点を批判し，侘美が流通費用論に先立つ資本循環論で扱う産業資本の社会性が不明確である点を批判するなど，共に使用価値の加工には直接係わらない運輸労働等をある物の生産に要する労働として認める点では一致している。しかしながら，菅原 [1980] が価値形成の根拠として既に成果との量的技術的確定性を持ち出していたのに対して，侘美の資本循環論，流通費用論は，侘美 [1977] に至るも，依然として宇野と同じあらゆる社会に共通な労働という点に求めるに止まっている。しかし，価値実体を超歴史的な労働実体に求めることは，後に山口の「価値概念の広義化」「抽象的人間労働の二重化」の解説で述べるように，価値概念を労働実体とひとまず区別し，社会的再生産の均衡を念頭に置かない流通主体の私的行動を明らかにしようという，宇野自身が切り拓いた流通形態論の発展に自ら道を塞ぐことになる。

菅原陽心の生産過程論　ある生産物の生産に係わる生産過程の絡み合いのなかで，言い換えると生産的労働という視点から「労働の二重性」，その一面としての抽象的人間労働を規定する宇野のオリジナルな見解を最も忠実に追究したのが菅原陽心 [1980] である．

　菅原によれば，『資本論』における労働過程の考察は，その対象が人間と自然との社会的物質代謝にあるのか個別の労働過程にあるのか曖昧であったために [19]，直接生産労働以外の「諸労働過程間を結びつけるような運輸労働，保管労働，並びに社会的生産を調和的に編成するために投下される労働等」（菅原 [1980]:10）が欠落していた．他方，宇野『経済原論』（旧版 , 宇野 [1950,52]）にあっては，労働生産過程が社会的有機的過程として捉えられているのは明らかであるものの，労働の二重性を綿花，紡績機械そして最終生産物である綿糸という具体的使用価値系列において捉えているために「生産物素材に直接使用価値的変化を与える形でのつながりを有することなく，しかも綿糸を生産していく生産系列には不可欠に組み込まれている労働の問題が抜け落ちることになる」（同 :24）．菅原が挙げているのは，やはり運輸労働，保管労働や生産の有機的連関を調整する労働である．

　そこで，菅原は最終消費財の生産に必要な生産系列を具体的使用価値名は用いずに記号化して示し，「労働の二重性」を設定している．しかも，生産系列内のさまざまな生産的労働の間には量的に技術確定的な関係がある，と指摘する．

>　今，自然素材が生産過程 P_1, P_2, …, P_n を経て最終消費財 K が生産されるという生産系列を設け考察してみよう．K の一定量が生産されるためには P_1, P_2, …, P_n それぞれで一定量の生産物が生産され，それらが有機的に関連されていなければならないといえる．このような各生産過程内，並びに各生産過程間には一定の生産技術に規制された技術確定的な関係があると想定してよいだろう（菅原 [1980]:26）．

定量的と量的技術的確定性　注目すべきは，生産的労働の有機的連関を支える「技術確定的な関係」がそのまま価格変動の重心という意味での価値を規制する労働の関係とされていること，および「技術確定的な関係」の存在から実際の配分のズレを調整する労働を導いていることである。

> 生産技術によって技術確定的に決められた労働量が各生産過程に投下されなければならないということを労働生産過程論で明らかにすることによって，価値形成増殖過程論では，価格の無法則的運動の重心たる価値が技術確定的に投下された労働量によって規制されるということが論証されうるようになる…。／…一定量のKを生産する際には技術確定的に労働量の配分が確定されなければならないのであるが，例えば先の労働量関係でP1，P2，…，Pnの関連が生産技術により確定された労働量配分を均衡的に達成していないときには何らかの調整作用が働くということになる（同:27）。

　他方で，「何らかの有機的編成を妨げるような要因を想定して投下されるものであるから，一定の社会的生産編成を設定すると必ず技術確定的に投下労働量が決まるというものとはなりえない」（同:31）と，調整労働自体には量的技術的確定性を認めていない。
　ある物の生産に要するさまざまな生産過程で投入される諸労働，生産的労働に，一方でそれら生産過程間の調整を司る労働が含まれることを認めながら，他方で技術的確定性を認めるのは背理であろう。
　確かにどのような社会でも，目的がハッキリしその手段として遂行されている限り，あるものの生産のためにさまざまな生産過程で投じられる諸労働はその社会の技術水準に規定されざるをえないのであるから，生産過程間の調整労働を含む諸労働の有機的編成には量的に安定的な関係，定量性を認めることができるであろう。しかしながら，その場合の社会的な編成とは，後に引用する山口が指摘するように，礼拝や祭りの時間，あるいは昼寝や大衆討議の時間を含むなど，その時代，その社会

の社会的習慣を含むものであり，量的な安定性と言っても，一定の幅が認められる緩やかなものに止まる。とりわけ生産過程内あるいは生産過程間の労働配分の偏りを調整するために投下される労働は，菅原自身も「技術的確定的に投入量が決まるというものとはなりえない」と述べているように，たとえ効率性原則を追究する資本によって投じられてもその投入量は資本によってまちまちであろう。量的技術的確定性を有する労働であるからこそ，常に変動する商品価格を一定の水準に引き戻す重心としての価値を規定しうるわけである。そのため，直接生産労働のように量的技術的確定性の高い労働と，そこまで量的技術的確定性を有さない調整労働の双方を含んでいる，ある物の生産に必要な生産的労働の有機的編成全体は，労働投入量と比例して量的成果が予想できる，という技術的確定性は認めることは難しいであろう。

　このように考えれば，背理の原因は，菅原が生産的労働の社会的有機的連関と価値形成労働の根拠である量的にぎりぎりまで絞り込まれた技術確定的労働連関を混同していること[20]，言い換えると生産的労働と価値形成労働との同一視という従来の問題点を引き摺っていることにある，と言えよう。

(2) 基準編成の確定性と緩み

　価値概念の広義化　菅原では一体化していた生産的労働の社会的有機的編成と価値形成の根拠としての技術確定的労働連関とを峻別したのが山口重克[1985]である。

　しかし，山口の生産過程論の意義を理解するには，山口の提唱する「価値概念の広義化」及び「抽象的人間労働の二重化」の理解が不可欠であるから，先にその内容を確認しておこう。

　山口は，「抽象的人間労働の二重化」に先駆けて，まず「価値概念の広義化」を提唱している。

　山口のいう「価値概念の広義化」とは，価値概念から価格変動の重心を規定する要因という意味を外し，価格変動に重心がないような商品に

も価値を認めようという主張である。

　山口 [1990] によれば，従来の価値概念は，変動する価格を規定する重心としての価値に限定されていた。言い換えると，対象を需要変動に対応できる，標準的な生産条件と平均的な熟練および強度の労働によって生産された商品，資本主義的商品のいわば平均見本としての商品に限定していた。しかし，商品の価値概念を，このような重心価値を想定できる，平均見本としての商品の価値に限定することには以下のような4つの問題がある。まず第1に，価値論において社会的生産の均衡編成だけを抽象して編成のプロセスないしメカニズムを捨象することになり，資本主義的商品生産の成り立ち方の特質を見失うおそれがある。第2に，商品流通世界における価格の変動ないしバラツキが商品価値とは関係のない一時的で瑣末な現象とみなされ，商人資本ないし商品売買資本形式の資本が排除されると同時に，価値増殖に合理的根拠を有する資本形式を産業資本的形式の資本だけに狭く限定することになり，資本主義的商品経済の成り立ち方の基本的性格が見失われる虞がある。第3に，いわゆる市場価値論でいう社会的に標準的な生産条件がシフトする問題を扱う際に，そのシフトのプロセスでは狭義の価値概念は全く無意味になってしまう。第4に，社会的必要労働の凝固物と規定されるしかない価値概念は労働の別称に過ぎず，価格と労働という2つの概念だけでは，個別主体の行動を通してその意図せざる結果として社会的な均衡価格関係ができあがることが抜け落ちることになる。そこで，重心規定以前では，つまり流通論では「ある商品の他商品との関係性ないし関係力，つまり他の商品と関係を取り結ぶ性質ないし力，をその商品に内属する性質ないし力として捉え直したもの」として広く価値を規定しておこうというのである（以上，山口 [1990]:9-14）。

　そこで，平均見本が取れず，重心価値を持たない商品にも価値を認めることにする。

　この場合，広義の価値には，価格変動の重心を規定する価値のような「確定的な規定ができない以上，価格がバラツいていれば，そのように現象する本質としての価値も同じようにバラツいていると考えるしかな

いことになる」（同 :9）。

　以上のような「価値概念の広義化」論は，社会的実体に裏付けのない価値に領導された流通主体の無規律な行動を分析しようとする宇野流通論の方法を一層鮮明にしたと言える。しかし，そればかりではない。本書での我々の関心から言えば，労働が価値を規定する側面以外に価値が労働を規定する側面を明らかにし，抽象的人間労働についても，人間社会に普遍的な生産過程において抽出された「労働の二重性」の一側面としての抽象的人間労働と，資本の効率性原則の作用を蒙った抽象的人間労働とをハッキリ分けた点に積極的意義がある。

相互媒介性における流通の先行性　元々，宇野が提唱した，生産過程論における抽象的人間労働抽出には批判があった。
　例えば，廣松渉は，商品の生産に投入される労働の合算手続き自体が労働の「同質性」を前提にしているはずであるが，その理由について「先生ご自身は正面から答えておられない」と批判している。

> 綿花生産のための20時間労働，機械生産のための4時間労働，綿糸生産のための6時間労働，これら諸種の「労働」が1時間あたり0.5志という仕方での対応づけにさいして，或る"同質者"に還元されているが，この"還元"は如何にして可能か？／なるほど，紡績労働なら紡績労働という同種の労働の埒内でなら，熟練工の労働と未熟練工との労働，そういった差異を或る標準的な労働に換算して計測するということも可能でしょう。…しかしながら，綿花栽培労働と機械製造労働といった全く別種の労働どうしの比較ではどうでしょうか？／宇野先生は『旧原論』では「同一人が此等の種々異なる使用価値の生産に労働したと考えてもよい」と書いておられますが，これは勿論，同質性の権利づけのおつもりではないはずです。…同一人物が紡績に1時間，機械製造に1時間従事したとしても，時計で計って同時間の労働ということは，そのまま直ちに社会的にみて各1時間の労働として通用しうるわけではなく，事前に或る"還元"基準がなければなりま

すまい。／では,宇野先生による積極的な権利付けは奈辺にあるのか？結論から先に言えば，この論件に関して，先生御自身は正面から答えておられないように見受けます（廣松 [1995]:180-183）。

マルクスの場合，労働の同質性の措定は等価交換から投下労働時間を等しいとみなす間接的測定だから問題ないが，それを批判し直接的測定を主張している宇野は労働の同質性を所与とせず，その論証が求められるというのである。

これに対して，山口 [1995] は「相互媒介性における流通の先行性」で応えた。

労働による価値規定と言うことになりますと，労働の方が先決条件になりまして，まず労働の社会的編成というものが問題になる。これが価値関係をどういうふうに規制し規定するのか，ということにならざるをえない…。ただその場合，…（廣松渉と同様，宇野も）流通関係がまず世界を作って，それによって生産関係を包摂する。そういう関係で言えば，流通関係がまず先決的にある。／それにもかかわらず，労働が価値を規定するということを言おうとすると，生産の方が価値関係を規定すると言わざるをえない。しかも流通関係が先決的である。…流通が生産を締め上げ，その締めた生産が価値を規定する。こういうふうに考えれば，相互媒介性における流通の先行性は理解できるのではないか。単に対応関係を言うだけでは，価値法則とか，労働による価値の規定という問題は，解けたことにならないのではないか。これが私の問題意識です（山口 [1995]:115-116）。

先の「価値概念の広義化」によって，価格変動の重心を規定するという意味での価値概念に先行させて，あらゆる商品が有する形相としての価値概念，流通主体の行動態様を体現する価値概念を設けていたからこそ価値が労働を規定する側面を明らかにすることができたのである。以

下，両者が如何に説き分けられているか，山口の叙述に即して確認してみよう。

山口の生産過程論 まず，前項の引用（山口 [1985]:85）が示すように，自然との間の物質代謝における人間労働の主体性を示す労働過程論に対し，成果としての生産物視点に立てば，生産過程間の絡み合いが明らかにあることが確認される。

そして，生産過程が連鎖をなしていることが明らかにされて初めて生産と最終消費との区分が露わになり，「生産のための」労働，生産的労働も定義可能となる，と。

> この分業によってはじめて個々の人間について，生産する財と最終的に消費する財の分離が生じ，したがってまた生産主体と消費主体の分離が生じ，生産と消費の区別を措定することができることになる。こうしてまた個々人の労働は生産物を生産する生産的労働という規定を受けとり，その規定性において消費と区別されることになる。また労働が生産的労働として捉えられることに対応して，労働手段と労働対象は一括して生産手段と呼ばれ，さらに生産的労働をも一緒にして生産要素という捉え方が生じることにもなる（同）。

また，生産的労働における分業関係は，菅原と同じく記号によって例示される。

> 最終消費財を aKm, bKm, cKm… という記号で示し，それぞれを生産するための生産手段を aPmI, aPmII, aPmIII, …, bPmI, bPmII, bPmIII, …, cPmI, cPmII, cPmIII… と示すことにしよう。これらには無体の生産物も含まれるとする（同 :85）。

そのうえで，「分業編成における各生産過程ないし生産物の量関係はどのようなものと考えられるであろうか」（同 :86）と問い，定量性と

いう特徴を導いている。

　ある時代なり時期なりをとると，自然との物質代謝を一般的な基盤として様々な生活を営んでいるある人間集団の文化の型，生産技術の水準，需要の構造などはある期間はほぼ安定していると考えられる。そして，そのような諸条件が安定している場合には，社会的生産の一環をなすある生産物の生産に必要な諸生産手段の量と生産的労働の量の間にはほぼ安定的な関係があると想定することが可能であると考えられる（同）。

　しかし，このような人間社会に普遍的な基準編成は，定量性をもつといっても，「かなり大きな変動幅の間での緩い安定的関係である」ことに注意が促されている。

　たとえば前章での社会的生産編成の例解 Km – PmI – PmII の PmI をとってみよう。…そこで考えられていた労働は，一定の文化的条件を前提にしたいわば人間生活の一部としての労働であった。すなわち，そこでの1日9時間という労働時間は，それぞれの社会の文化状況，生活様式，労働慣習に応じて，その中にたとえば共同体的団らんや儀式の時間，神への祈祷，礼拝の時間，昼寝の時間，大衆討議の時間などが含まれることを排除しない労働時間なのである（山口[1985]:104，他にも同 :86-87）。

　抽象的人間労働の二重化　山口の特徴は，この社会的な分業編成の量的連関「基準編成[21]」をそのまま価値形成労働の根拠とするのではなく，単純労働化と資本の効率性原則による締め上げを俟って初めて価値形成労働の形成を説く，二段構えの論法にある。先に紹介した「相互規定性における流通の先行性」と重なるが，重要なことなどで，抽象的人間労働の側面から説明しよう。

　「価値概念の広義化」を提唱した山口[1990]は，末尾で「若干の関連

問題」と題して，抽象的人間労働概念についても狭義と広義に分けることを提唱する。

　人間の自然との物質代謝の過程としての労働生産過程があらゆる社会に共通に存在することは確かである。その限りで，労働生産過程を特定の社会形態から独立に考察することは可能であり，また特定の社会形態のもとでの労働生産過程の特殊歴史性を鮮明に捉えるためには必要なことでもある。しかし，商品経済関係が労働生産過程を包摂して，諸商品の価格変動に一定の法則性，つまり価値法則を認識できることになるのは，このような労働生産過程一般にその根拠があるからではないと考えられるべきであろう。諸商品の価格変動に法則性がある，つまり重心があるのは資本主義的商品に特有のことであるから，法則性の根拠も資本主義的なものと考えられなければならないであろう。すなわち，労働生産過程は資本によって担当されることによって特殊な変造を受けるのであり，変造された特殊歴史的な労働生産過程における効率的な社会的生産連関が価値法則の根拠をなすと考えられるのである。したがって，自然との物質代謝をおこなう人間の労働も同様に二層の構造において捉えられなければならない。すなわち，人間の労働も，あらゆる社会に共通に，互いに同質的な抽象的な人間労働と異質な具体的有用労働の二重性を持っているが，同時に資本主義的な労働生産過程においては，それは特殊歴史的に変造された労働としての二重性を持つことになるのであり，したがって，抽象的人間労働にもあらゆる社会に共通なものと特殊資本主義的なものとがあると理解されなければならない。そして，価値法則の実体的根拠をなすのは，後者の特殊歴史的な規定性を受けとっている抽象的人間労働であるといわなければならないであろう（山口[1990]:15-16）。

　商品の価値が，価格変動の重心を規定することになるのは，言い換えると法則性を獲得するのは資本主義的生産様式においてである以上，人間社会の物的再生産の基礎としての抽象的人間労働と，重心を規定する

価値の実体としての，狭義の抽象的人間労働とを区別する必要がある。つまり「抽象的人間労働というのは，広義と狭義の意味がある」(山口 [1995]:116)。

この場合,「労働生産過程を特定の社会形態から独立に考察」したのが，一般にいう労働生産過程であり，生産的労働であろう。

これに対して，商品価格の変動を規定する重心としての価値の場合には，需要超過によって上昇する価格に対して供給増加によってこれを抑える，という意味があるから，この意味での価値の実体的根拠となる労働は，利潤率を追求する資本によって投下された労働，しかも追加供給が容易な単純労働に限定されることになる。

狭義の抽象的人間労働　山口は，価格変動の重心を規定するという意味での価値の実体的根拠となる労働,「商品を生産するのに必要な平均的ないし標準的な社会的必要労働時間なるもの」はこれ（上の基準編成から導かれる必要労働時間—引用者）ではない,「資本の効率性原則の強制の過程で形成されるものなのである」(山口 [1986]:66)と説く。

資本による価値増殖の手段としての生産過程においては，労働・生産活動は人間生活の一部であるという性格を奪われ，生産物をできるだけ安く，つまり少ない費用で生産するということが至上命令となる。資本はそのために生産諸要素をできるだけ安く購入しようとすると同時に，購入した生産要素をできるだけ効率的に消費しようとするのであり，それは労働力についていえば，直接に労働している時間以外の資本にとってのいわば無駄な時間をぎりぎりの限度まで排除して，労働の密度を高めると同時に，一定の賃銀当たりの労働時間をできる限り延長する行動として行なわれる（山口 [1985]:104-105, 他にも同 [1984]:35）。

価値形成労働をこのように限定するならば，この労働の要件は次のように考えることができよう。すなわち，その労働は資本による社会的

生産の一環としての商品生産の過程で行なわれるものであり，かつその質が単純労働化しているということである。この要件が満たされていれば，この労働によって生産される商品の価格は変動の重心をもつことになり，そこには基準量としての価値が形成されていることになるといってよい。そして，価値形成労働の要件をこのように理解するとすれば，価値を形成する労働は，別に有体の使用価値を生産する労働に限られる必要はないことになる。さらには，その労働が商品の生産過程におけるものか流通過程におけるものかとか，あらゆる社会に共通なものか商品経済に特有なものかということも，どうでもよいことになる。それが資本による社会的な生活資料生産の一環として行なわれる労働であり，その成果が商品として売買され，しかもそれを生産する労働が単純労働化していて，それを生産するのに社会的に必要な標準的な労働時間がその商品の価格変動の重心を規制するということであれば，それは価値形成労働としての要件を備えているのである。／したがって，従来しばしば議論の対象となったいわゆるサービス労働や商業労働なども，このような要件を備えていれば価値形成労働であるといってよい（山口 [1978]:175-176）。

価値非形成労働の浮上　狭義の価値，価格変動の重心を規定する価値を形成する労働の条件を上のように，資本の下に投下された単純労働に求めるならば，追加供給が困難な労働は価値を形成する労働とは認められないことになる。

資本主義的に生産された商品のなかにも，平均的な単純労働とはいえないような熟練労働とか複雑労働によって生産された商品もあれば，一定の生産条件による追加供給に弾力性のないものもある。これらの商品はいずれも平均見本をとれない種類のものであり，その価格変動には理論的に確定できるような重心は存在しないといわなければならないから，従来の狭い価値概念からいえば，これらの商品種は価値をもたない商品種であるということになり，したがつて厳密には商品と

はいえないということにもなる（山口 [1990]:14）。

たとえばレストランにおける給仕の労働をとってみよう。給仕の中には特殊な認識や経験や判断力を有し，他の給仕と代替不可能なものもいる。このような給仕が提供するサービスは，需要の増大に応じて弾力的な追加供給が可能というものではない。したがって，このような給仕のサービスは，芸術家の作品と同様に，商品化する場合にも価格変動には基準がない。つまり，この労働は価値形成労働（もちろん狭義の）とはいえない。しかし，給仕の大多数のサービスは，誰がやってもほぼ同じ結果が得られるような単純労働によって提供されるものであろう。そのかぎりではその価格変動にはその商品の生産に要する社会的必要労働が規定する重心があり，したがって，それを提供する給仕の労働は価値形成労働であるということになるわけである（山口 [1978]:181）。

商品化していない生産物を別にすれば，生産物商品が資本によって生産されたものであるか小商品生産者によって生産されたものであるか，資本によるにしても，標準的な生産条件と平均化し単純化している労働によって生産され，一定の費用で追加供給が弾力的におこないうるものであるかそうでないかによって，生産物商品の価格の変動は重心をもつ変動と重心のない変動とに区別できるであろう。したがって，前者のような商品を生産する労働は，従来の狭い意味でも価値を形成する労働であるということができるのにたいして，後者のような商品を生産する労働は，広義の価値を形成する労働ということはできるが，従来の価値概念からすると価値形成労働とはいえないものであるといわなければならない。サービス労働についても，それをどのように概念規定するにせよ，このように狭義の価値を形成するサービス労働と狭義の価値は形成しないが広義の価値を形成するサービス労働とに区分することが可能なのであり，この区分ができれば，従来の論争問題は解決できたといってよいのである（山口 [1990]:17）。

商業労働やサービス労働が価値を生むか，生まないのかの論争は，広義，狭義どのレベルの価値を論じているのか区別しないまま戦われたが故に噛み合わなかったのだ，という見立てである（価値概念，労働概念の多層性については次章で詳論する）。

山口による抽象的人間労働の二区分は，このように従来の価値論に新しい視点を投げかけたばかりではない。原理論のなかに価値を形成しない生産的労働を位置付け，原理論の考察領域を拡張した。最後にその点をみてみよう。

(3) 生産的労働と不生産的労働

無体の生産物　山口のいう基準編成のもう1つの特徴は「無体の生産物」を明示的に取り込んでいることである。

具体的には，生産過程間の連結を司る調整効果の他に，従来流通費用論で論じられていた運輸，保管，通信等の効果が挙げられている。

さらに，「連結と必ずしも関係なく，特殊な生産過程そのものの内部で労働の遂行を助けるのに消費される種々の有用効果」「労働補助効果」（同 [1985]:90）として，生産過程内の照明，冷暖房，音楽，神事，医療，技能教育も挙げられている[22]。

山口が基準編成に明示的に盛り込んだ「無体の生産物」は生産手段 Pm ばかりではない。生活資料 Km も含まれている。

> たとえば，右の（v）（労働補助効果の項を指す—引用者）で述べたようなものが，ある生産物の生産活動の手段として消費されるのではなく，その消費が人間の生活それ自体の内容を構成していると考えられる場合には，それは Pm ではなく Km である（同:90）。

「無体の生活資料（Km）」は具体的にはさまざまある。

テレビや映画，ビデオやゲーム，アプリケーションソフトなどのソフ

トウェア・コンテンツ，電気，電波のような無形の資源，育児，教育，医療，介護のような対人サービスなどである。これらの提供に係わる労働が「無体の生活資料（Km）」生産労働である。

量的規律が緩い消費に伴う労働　「無体の生活資料（Km）」生産労働のすべてではないが，その一部に係わって山口が興味深い指摘をしている。「無体の生活資料（Km）」生産労働には基準編成の量的安定性が乏しいものがある，というのである。

> この変動の幅なり不安定性の大小なりは，生産過程の性質によっても相違する。手段性の濃い生産物の生産過程や煩労性の強い労働については，節約原理が強く働くような技術を採用したり，そのように主体的に対応したりすることによって確定性が強まるということもあろう。最終消費財的性格の濃い生産物の生産過程や消費との境界が必ずしも明確でないような生産過程では，物量の安定的関係は必ずしも関心の対象にはならず，緩い関係のまま進行することもあろう（同:87）。

「最終消費財的性格の濃い生産物の生産過程」とは，上の「無体の生活資料（Km）」のうち，電気のように他の生産物の生産手段になり得るものを除く，直接消費されるもの，あるいは学校教育に対する家庭教育のように個人的に消費される「無体の生活資料（Km）」の生産過程，すなわち個人的なサービスの供給過程を指す。

医療・介護など対人サービスは，サービスの提供と享受・消費が隣接しており，「消費との境界が必ずしも明確でないような生産過程」である。例えば，ソフトウェア・コンテンツやクリーニング，あるいは電気は生産と消費が空間的にも時間的にも分離しており，生産に投じられる労働は手段としての効率性を追求されやすい。これに対し，前者の場合には，生産が消費と時間的にも空間的にも重なっているため，投下される労働は手段化されにくく，効率性が追求されにくいため，定量性を欠くことになる。

しかしながら，基準編成のメルクマールが労働投入量の安定性にある以上，量的安定的関係が必ずしも保証されない労働を基準編成に含めることは説得的ではない。

　むしろ，「消費との境界が必ずしも明確でない」形でなされる「無体の生活資料（Km）」生産労働こそ，消費と峻別できないという意味で生産ならざる労働，すなわち不生産的労働と規定されるべきであろう。

　もちろん，消費過程における労働には「有体の生活資料（Km）」生産労働もある。しかしながら，「無体の生活資料（Km）」生産過程では，生産と消費が同時に進行し，外見上区別し難いのに対して，「有体の生活資料（Km）」生産過程では，生産と消費が時間的に分離しているため，外見上区別可能で「消費のための生産」という関係が明白である。つまり，労働および生産手段と生産物と物量関係が「緩い関係のまま進行する」のは事実上「無体の生活資料（Km）」生産労働とみなして良いであろう。

生産的労働と不生産的労働の判別基準　さて，無体の生産物も生産的労働に含まれるとすると，生産的労働と不生産的労働の基準はどこに求められるべきであろうか。

　生産的労働概念が目的である生産物の視点からの規定であることを想起すれば，消費と区別可能か否か[23]，つまりそれ自体が目的ではなく，生産として手段化れているか否かを分類基準とするのが妥当であろう。

　不生産的労働の典型である「無体の生活資料（Km）」生産は，たとえそれが収入と交換されていなくても，消費主体で閉じた私的行為ではなく，社会的物質代謝の一環であるから「労働」と認められて然るべきであろう。その場合，消費主体のみならず行為主体にとっても目的のように遂行されるならば，効率が第一義的に追求される手段化した労働と異なり，量的安定性も乏しく，生産的労働ならざる労働，不生産的労働と位置付けるべきであろう。

　こうして生産的労働と不生産的労働とは，生産として手段化されているか，それ自体が目的として遂行されているかという点で区別されるこ

とになる。このようにメルクマールを行為主体の目的意識性に求めると，当事者の意識は外部からは窺い知れないため，両者の区別がきわめて曖昧かつ流動的であるかのように映るかもしれない。しかし，どのような社会であれ，資源が限られるなかで再生産を果たさなければならない以上，生産的労働の確保が最優先され，当人の時々の考え次第で生産的労働にも不生産的労働にもなりうるというわけではない。加えて，資本主義経済では，資本の購入した労働力はすべからく価値増殖目的で投下されるため，不生産的労働の余地はずっと狭められる。

そもそも消費における人間活動全てが自己目的的な不生産的労働というわけではない。消費における労働のうちには，当然のこととして，効率的にこなすことが求められる部分もある。これは手段としての労働，生産的労働なのであり，必ずしも消費主体の家族が担わなければならないというわけではない。社会的分担が検討されてしかるべきであろう。

むすびに代えて

本章では，戦後日本における国民所得論争を手がかりに，従来の諸研究では生産的労働が専ら価値論的関心から取り上げられ，物質的財貨生産を基準にする本源的規定説では，使用価値の変容に直接関わらない間接労働等が，形態規定説では資本とも収入とも交換されない家庭内の消費に係わる労働が理論的に位置づけられないままとなっていることを明らかにした。

これに対し，生産的労働概念と価値形成労働概念とを生産物との間の量的技術的確定性という観点で峻別するならば，ある商品の生産による生産的労働の中でも複雑労働や調整労働等を価値を形成しない生産的労働として位置づけることが可能になることを示した。

また，家庭に残る消費に係わる労働を単に価値を形成しないとか，報酬を支払われていないという表象的基準ではなく，定量性を基準に，手段性が乏しく定量性を欠くならば，不生産的労働として理論的に位置づ

け可能なことを明らかにした。

　本章の成果は，従来，関係が不明瞭であった諸概念，生産的労働，価値形成労働，価値非形成労働，不生産的労働それぞれを理論的に切り分けたことにある。すなわち，ある生産物の生産に必要と位置づけられた定量的な労働を構成するのが生産的労働であり，そのうち，資本の下で効率性原則によってぎりぎりまで締め上げられた単純労働が価値形成労働，資本によって投入されてもそのような量的技術的確定性が認められなければ，価値非形成労働である。さらに，ある生産物の生産に必要な，という手段性が乏しく，定量性を欠いていれば不生産的労働である。

　以上の概念整理を踏まえ，価値非形成労働や不生産的労働の具体的展開を以下の諸章で試みたい。

表1.3：本章で論じた主な所説の整理

生産的労働理解	サービス労働	家庭内の消費に伴う活動（「無体の生活資料」生産労働）
本源的規定説	物質的財貨生産ではないので不生産的労働。価値を形成しない。 有体効果を生むので生産的労働。価値を形成する。	有体物を生まないから不生産的労働。
形態規定説	剰余価値を齎すので生産的労働	資本とも収入とも交換されないから労働ではない私的活動。
山口重克	基準編成の一部（生産的労働）。資本の下の単純労働に担われていれば価値を生成する。	基準編成の一部（生産的労働）
本書		自己目的的であれば，定量性を欠くので不生産的労働

【註】

4)「剰余価値学説史と資本論との2つの立場の相違，少なくともその関係について考慮されていないという点では，両者（『資本論』の本源的規定に依拠する論者も『剰余価値学説史』に由来する形態規定に依拠する論者も—引用者）は1つである」（副田[1956]:4）。

5) 生産的労働，不生産的労働を資本との交換か収入との交換かに求める見解は，本章2節（1）で触れるように，ケネーには既に認められる。その労働が雇い主に剰余価値を齎すか否かという生産的労働の形態規定固有の区別だからである。マルクスも『剰余価値学説史』以来これを踏襲し，『資本論』の形態規定に繋げている。他方，本源的規定は『資本論』直前に登場した。マルクスにおける生産的労働理解の変遷については広田純[1960]及び本章2節（2）を参照のこと。

6) スミスには，マルクスのような労働力の商品化という概念がないので，同じ商品生産労働が労働力商品の価値以上を生み出す（剰余価値を形成する）か否か，価値形成労働か否か，という区別はない。

7)マルクスは生産的労働の超歴史的な規定を「生産的労働の本源的規定 (die ursprüngliche Bestimmung der produktiven Arbeit)」(K.I,S.532) と呼んでいる。

8)「労働疎外論→剰余価値論→生産的労働論という枢軸を基本的視角として，以下において，マルクスの生産的労働論の生成をあとづけてみよう」（阿部[1967b]:18）。

9)「『商品』論は，それにつづく貨幣論，資本論に対応して形態的に展開せらるべきものであって，価値形態論はまさにその核心をなすものといってよい。ところがこの価値形態論に先きんじてなされる『価値実体』論のために『商品』論の中心が曖昧になると同時に，価値形態論自身もその影響を受けることになり，労働価値説の論証もまた決して十分なるものとはいえないことになっているのである」（宇野[1962]:169）。

10)「たしかに商品の交換関係は，互に異なった使用価値を有する商品を相等しいものとするのであって，『商品の使用価値からの抽象』によって特徴づけられるものといってよい。しかし商品は，決してその使用価値を捨象して交換されるわけではない。…商品の交換は貨幣を媒介にする商品流通として行われる。…事実，この両者に『共通なもの』としてあらわれるのは直接に価値ではなくて，貨幣価格にほかならない。それは屡々価値と多かれ少なかれ乖離して両者の交換を…いずれかの側からの交換として実現するのである。しかもこの価格の価値からの乖離は，需要供給の関係を通して，生産自身に

よって調節せられることになるのであるが，この生産による調節は，さらにまた商品，貨幣の形態的展開を基礎とする資本による生産の把握によって始めて商品経済的に確保されるのである」(同:173-174)。

11)「一見してわかるように，われわれの資本主義社会では，労働需要の方向の変化に従って，人間労働の一定の部分が，あるときは裁縫の形態で，あるときは織布の形態で供給される。このような労働の形態転換は，摩擦なしにはすまないかもしれないが，とにかくそれは行なわれなければならない。…裁縫と織布とは，質的に違った生産活動であるとはいえ，両方とも人間の脳や筋肉や神経や手などの生産的支出であり，この意味で両方とも人間労働である。…商品の価値は，ただの人間労働を，人間労働一般の支出を，表わしている。…それ（人間労働―引用者）は，平均的にだれでも普通の人間が，特別の発達なしに，自分の肉体のうちにもっている単純な労働力の支出である。…より複雑な労働は，ただ，単純な労働が数乗されたもの，またはむしろ数倍されたものとみなされるだけであり，したがって，より小さい量の複雑労働がより大きい量の単純労働に等しいということになる。このような換算が絶えず行なわれているということは，経験の示すところである」(K.I,S.58-59，傍点は原文)。

12)「マルクスは『…生産活動の規定性，したがってまた労働の有用的性格を無視するとすれば，労働に残るものは，それが人間的労働力の支出であるということである…』(K.I,S.58—引用者) というのであるが，ここでも『労働の有用的性格を無視するとすれば』という言葉が，先きの交換関係における交換としての『無視』を意味するものとすれば，なお『労働に残るもの』が『人間的労働力の支出』であるとしても，その根拠を明確にするものとはいえない。それに反してこの『無視』が，資本にとっての，したがってまた労働者にとっての『労働の形態転換』による『無視』にほかならないとすれば，それはもはや単なる『無視』ではなくて，特定の『有用的性格』そのものを目的しながら何れにも『転換』しうるものとしての『無視』となるわけである。それには勿論『人間的労働力そのもの』が『多かれ少なかれ発達していなければ』社会的に必要なあらゆる生産部面に全面的に展開されるものとはいえない。資本家的生産過程は，労働力の商品化によって，かくの如き全面的な，根柢的な商品生産を実現するものとして，商品の価値が労働によって形成されるものであることを明らかにするものとなる」(宇野[1964]:58-59)。

13) 宇野は，『経済原論』(新版, 宇野[1964])では，生産的労働という用語こそ用いていないが，生産過程である生産物の生産に要する生産手段及びその生産に要する諸労働の有機的連関を提示し，「労働の二重性」を抽出するという論理構成は踏襲されている。また，『経済原論』(新版)に対応した演習形式の，『経済原論』(新訂, 宇野編[1967])では，「生産的労働という概念は，どのように規定すればよいのか」という問いに対し，「生産的労働とは，基本的には生活資料と生産手段とを生産する労働という意味に解してよいと思うが，剰余生産物のうちで，生産の拡張にあてられる生活資料と生産手段とを

超える部分は，いわば社会的再生産過程の外部にでるもので，もはや生産に役立つものとはいえないことになる。そこでたとえば，奢侈品や軍需品を生産する労働は生産的労働か，というような問題があるが，商品経済としては，そういうものをも含めて，社会的に需要される生産物を生産するものが生産的労働であると解しておいてよい。商品経済的にはそのあいだの区別はつけえないのである」(宇野編 [1967]:88-89) と答えている。

14)「だから，それは商品の使用価値というんでなしに，もっと一般的に使用価値の生産過程ということになる。それでいて，次の価値形成過程と結びつくことになると商品の使用価値となる。その点，ちょっと結びつきが外的になるわけです。使用価値と価値との結びつきが。ぼくはむしろ資本の生産過程も，結局は労働過程であり，生産過程である。だから，資本の生産過程を展開しながら，その中に，共通のものとして，労働過程を含む生産過程として説くことにした。労働の二重性も労働生産過程で一般的に明らかにすべきだというわけだ。マルクスは諸君も知るように『商品に表わされる労働の二重性』として説いているのでぼくには少し不満なのだ。ぼくとしては資本の生産過程を説く前に一般的な生産過程で労働の二重性を説いている。形態規定と離れて抽象的に説く労働生産過程というものの中に，労働の二重性は説けるし，説くべきだと思う。マルクスはそうでもないのだろうが，労働の二重性というのが何か商品経済に特有なもののように解されやすいような，そういう説きかたをしていると思う」(宇野 [1970,73]:824-825)。

15) 先に紹介した青才は，あくまでマルクスのサービス論解釈に係わる限りで『資本論』他のマルクスの生産的労働規定を取り上げているにすぎない。例外的に小幡道昭 [1995] がコミュニケーションを内包するが故に定量性を有さない「労働そのもの」と対置させて定量的な生産的労働概念を規定している。ところが，小幡 [2009] ではその区別が消失し，定型的な労働と非定型的な非労働との二分法に置き換わっている。この点は消費における労働を考察する第4章で検討する。

16)「ここでいう『所要労働』は，マルクスのいわゆる『抽象的に人間的な労働』と内容的には同じである。…しかし，マルクスの概念は，『抽象的』ということが，あたかも現実，実在から抽象された観念的なものであるかのような誤解を与え易いし，またこれを『人間的』ということから，労働の他の一面としての有用労働を『人間的』労働から除外してしまうような理解を招きかねないので，概念をあらためることにした。」(鎌倉 [1996]:129, 註 34)。

17)「技術・研究開発に関わる労働も，新生産物形成として成果を示すとは限らない。そうなると，生産的労働とはみなされないことになるけれども，むしろ失敗することによりなぜ失敗したかを研究するところに人間的性格を高めうる面がある。労働過程における労働の安全，保安などに関わる労働や公害防止に関わる労働などは人間的な労働の観点，あるいは社会的観点からみると有用な労働である。しかしこれらの労働も生産物の形成に関わらない

限り，生産的労働に含まれないものとされる。結果が基本とされ，産出された物が基準とされることになると，結果を生み出す過程での人間労働の多様な有用的側面が切り捨てられ，労働は，あたかも原料や機械のように，生産物の産出に投入された物とみなされてしまうことになる」(鎌倉 [1996]:131, 註 35)。

18）先に引用した大内力が指摘しているようにマルクスは，『資本論』第 1 部第 5 章「労働過程と価値増殖過程」において「生産物からの捉え返し」を特段「生産過程」とは呼んでいない。随所で生産過程という用語を用いているが，定義は与えていない。『資本論』解釈の立場に立つ論者も同じである。むしろ，意識的に生産過程を定義したのは，本文で紹介した論者では大谷 [2001] くらいである。しかし，『資本論』の捉え返し規定——人間労働の主体性に力点を置かれた労働過程を結果である生産物の立場から捉え返すこと——は，新たな視点の提供であり，理論上は，宇野が意識的に生産過程として規定した，と言える。

19）「マルクスは労働過程を，『いかなる特定の社会形態からも独立に考察されるべきもの』として設定したのだが，その設定は『使用価値あるいは財の生産』という面から見れば，労働過程が『人間生活のあらゆる社会形態に等しく共通』(K.I,S.198) であるということによって根拠づけられるとしている。これは第 2 篇『貨幣の資本への転化』の最後で，貨幣所持者が労働力商品と労働力の消費過程に必要なすべてのもの，原料その他とを市場で購入し，『生産の場所』に労働者を連れて行くという移行箇所をうけたものであるとすれば，さしあたり，ある資本家の経営する個別の労働過程を設定し，考察するというものになっていると考えられるだろう」(菅原 [1980]:3)。

20）最近公刊された概説書では「労働生産過程論で問題とされる社会的再生産の条件を基底的条件と呼ぶことにしよう。そうすると，価値法則の基盤にある構造的条件とはこの基底的条件が資本主義という特殊歴史的な形で表れたものであるということになる。労働生産過程論で明らかになる基底的条件と資本主義的生産のもとで経済法則の基盤となる構造的条件とを区別することが重要である」(菅原 [2012]:149) と，両者は峻別されている。但しこの点で先行したのは本文でも紹介した山口重克 (山口 [1978][1984][1985]) である。

21）『経済原論講義』段階では「基準編成」は資本の効率性原則で締め上げられた後の量的技術的確定性の高い連関を指す言葉として登場する。例えば，「資本主義的生産にあっては，人間の生活と人間の労働・生産過程までが資本の行動原則である効率性原則によって極限まで締めあげられ，その意図せざる結果としてではあるが，効率的連関としての基準編成が作りあげられるのであり，価値関係の法則性とは諸資本がその売買関係において自らが作りあげた基準に自らが規制される関係なのである」(山口 [1985]:128)。しかし，その後，「この（数値例を指し—引用者）場合 6, 4, 20, あるいは 3

対2対10，という比率は，こういうふうに編成するのが安定的で，標準的であるという比率のことです。これを基準編成と呼ぶことにします」とか，「現実にはいろいろとずれるかもしれないけれども，いろんな調整の仕方を通して，この比率を実現せざるをえない。…いろいろ変動しながら，しかしここに調整されざるをえないような，そういう基準編成というものはあるはずだ。そこにひきもどされるような，そういう編成というものを考えて…そういう意味で合計のできる同質な，社会的な労働だといえるのではないか」(山口 [1995]:113-114) というように，労働の同質性が導出される生産的労働間の緩やかでも量的に安定した連関を「基準編成」と呼ぶようになった。

22) 既に山口 [1972] は『資本論』を援用しつつ，工場内の照明を司る労働を「生産的労働の一部をなす」と指摘していた (山口 [1972]:120)。

23) 青才も「生産と生活との区別は，さしあたりは (…)，人間生活の再生産にとって直接的かどうかにある」と判別基準を示していた。しかし，すぐに続いて「さらに，この区別は，現実には，商品流通の媒介を指標とすることによって，初めて明確な区別となる」(青才 [1977]:136) と，普遍的な (本源的意味での) 生産的労働の基準を商品流通に媒介されているか否かに求めている。しかし，女中は主人との間で労働力を交換するのみであって，その産み出す有用効果 (「無体の生活資料 (Km)」) を商品化しているのではないとしても，女中による有用効果の生産と主人の生活とは区別可能であるから，つまりその行為自体は女中にとって目的 (消費) ではなく，あくまで主人の生活上の注文に応じたるための手段としての生産として切り分け可能であるから，「生産的」労働と位置付けるべきであろう。

第2章　複雑労働の理論的意義

はじめに

　前章では生産的労働概念の再検討を通じて，生産的労働，価値形成労働，価値非形成労働，不生産的労働の違いを明らかにした。生産的労働を価値形成労働と区別したことにより，従来，価値形成労働の反射規定として不生産的労働と等置されていた価値非形成労働も2種類あることが露わになった。すなわち，商品を生み出さないが故に価値を形成しない労働と，商品を生み出しながら，労働の性質上，価値を形成する労働とはみなされない労働である。

　ここでは2番目の意味の価値非形成労働を取り上げる。具体的に考察するのは複雑労働である。

　経済学原理論の分野では，社会的平均的労働能力を前提とする単純労働とは異なる労働類型として，特別の訓練を要する労働が複雑労働として論じられてきた。他方で，複雑労働の生み出す価値は単純労働の生み出す価値の数倍に値するとされてきた（「単純労働の複雑労働への還元論」）。すなわち，複雑労働は価値を生み出すと，理解されてきた。この点は我々のこれまでの考察とは対照的であり，検討する意義は大きいであろう。

　以下，まず，複雑労働に関する代表的な研究テーマである「複雑労働の単純労働への還元」問題を取り上げ，従来の諸研究が複雑労働の生み出す価値の単純労働の生み出す価値への還元，量的還元論に終始し，しかも還元の根拠付けには理論的な問題を抱えていることを確認する。

　次いで，その背景として，価値，社会的労働それぞれ位相の異なる複数の層から成ることを自覚しないまま両者を照応させていたこと，価値

と社会的労働とは，価格変動の重心を規定する価値と資本の下で量的技術的確定性を獲得した労働との間でのみ照応可能であり，単純労働と複雑労働との関係は，量的還元ではなく，質の異なる両者の並存を考察することにその意味があることを明らかにする。

最後に，両者の関係を労働市場の分立として捉える立論を取り上げ，特別の訓練の必要性で導かれるのは，常雇（勤続の発生）と産業予備軍の分断ではなく，単純労働と複雑労働の分断，あるいは職種別の流動的な労働市場であることを明らかにする。

1　複雑労働の単純労働への還元論

(1) 複雑労働の単純労働への還元

複雑労働　単純労働とは異なる労働力類型に関する研究としては，まず挙げられるのが複雑労働論である。

マルクスは『資本論』冒頭商品論において，複雑労働をめぐる論点を次のように述べている。

> 裁縫と織布とは，質的に違った生産活動であるとはいえ，両方とも人間の脳や筋肉や神経や手などの生産的支出であり，この意味で両方とも人間労働である。それらは，ただ，人間の労働力を支出するための2つの違った形態でしかない。…それは，平均的にだれでも普通の人間が，特別の発達なしに，自分の肉体のうちにもっている単純な労働力の支出である。…より複雑な労働は，ただ，単純な労働が数乗されたもの，またはむしろ数倍されたものとみなされるだけであり，したがって，より小さい量の複雑労働がより大きい量の単純労働に等しいということになる（K.I, S.58-59, 傍点は原文）。

ここでいう複雑労働が，人間の社会的平均的労働能力を前提に遂行さ

れる単純労働と異なり，特別の訓練を要す労働であることは，『資本論』の別の箇所で明言されている。

　社会的平均労働に比べてより高度な，より複雑な労働として認められる労働は，単純な労働力に比べてより高い養成費のかかる，その生産により多くの労働時間が費やされる，したがってより高い価値をもつ労働力の発現である（K.I,S.211-212）。

　熟練労働　他方，熟練労働は，同種の労働の間でより大きな生産物を生みだす労働を指すものとされている。

　一商品の価値がその生産中に支出される労働の量によって規定されているとすれば，ある人が怠惰または不熟練であればあるほど，彼はその商品を完成するのにそれだけ多くの時間を必要とするので，彼の商品はそれだけ価値が大きい，というように思われるかもしれない。しかし，諸価値の実体をなしている労働は，同じ人間労働であり，同じ人間労働力の支出である。商品世界の諸価値となって現われる社会の総労働力は，無数の個別的労働力から成っているのではあるが，ここでは1つの同じ人間労働力とみなされるのである。これらの個別的労働力のおのおのは，それが社会的平均労働力という性格をもち，このような社会的平均労働力として作用し，したがって一商品の生産においてもただ平均的に必要な，または社会的に必要な労働時間だけを必要とするかぎり，他の労働力と同じ人間労働力なのである。社会的に必要な労働時間とは，現存の社会的に正常な生産条件と，労働の熟練および強度の社会的平均度とをもって，なんらかの使用価値を生産するために必要な労働時間である（K.I,S.53）。

　商品の価値を規定する社会的必要労働時間とは，その社会の正常な生産条件と，労働の熟練および強度の社会的平均度を前提にしており，現実には熟練，不熟練がありうる。つまり，熟練労働とは，同種の労働

の間でより大きな生産物を生みだす労働である。

　両者の関係　『資本論』における複雑労働と熟練労働との使い分けは経済学原理論研究の世界では広く受け入れられており，例えば，比較的最近の概説書，大谷 [2001] でも次のように説かれている。

　労働の熟練度の相違は，具体的労働の作用度の相違であって，生産物量の多寡（たか）によって一義的に評価されるのにたいして，単純労働と複雑労働との区別は，それを遂行する労働力に特別な修業費が必要かどうかということであって，それが遂行する労働の作用度とは無関係である。しかも，複雑労働は一般に，単純労働をいくら積み重ねてもできないような具体的労働であり，したがってその生産物も単純労働の生産物とは種類が違うので，生産物量で複雑さの程度を測ることはできない（同 :60-61，傍点は原文）。

　つまり，熟練労働と複雑労働とはそれぞれ同じ生産物生産における生産性の高低，異なる生産物生産における職業訓練の要否という別々の観点に立った概念規定である。相互に排他性も依存性もない。「新米の医師は不熟練労働者であるが複雑労働者である。なぜなら，彼は，労働の反復による経験が浅く他の医師に比べて能率の低い労働者であるが，医師になるにあたって特別の養成期間と相当の養成費を要しているからである」（櫛田 [2003a]:167）との例示が物語るように，特別の訓練を必要とする複雑労働にも単純労働と熟練労働の別があり得る。他方で，特別な訓練を必要としないという意味での単純労働でありながら，生産性という意味では，不熟練労働と熟練労働の差は生じうる。

　『資本論』の還元論　マルクスは，複雑労働の生み出す価値の大きさは単純労働のそれに還元可能であり，還元は日常的に行なわれている，と説く。

このような換算が絶えず行なわれているということは，経験の示すところである。ある商品がどんなに複雑な労働の生産物であっても，その価値は，その商品を単純労働の生産物に等置するのであり，したがって，それ自身ただ単純労働の一定量を表わしているにすぎないのである。いろいろな労働種類がその度量単位としての単純労働に換算されるいろいろな割合は，1つの社会的過程によって生産者の背後で確定され，したがって生産者たちにとっては慣習によって与えられたもののように思われる（K.I, S.59）。

(2) 還元論争の展開

還元論争の発端 複雑労働の単純労働への還元に関しては，上の引用の「1つの社会的過程」を巡って論争が巻き起こった（詳しくは伊藤[1984]，種瀬[1984]参照）。

まず，『資本論』の還元規定の後段を捉え，生産物の交換比率の根拠を労働に求めながら，他方で諸労働の還元比率の根拠を交換に求めるのは循環論法に他ならないとする批判がベーム・バヴェルク[1896]によってなされた。

> われわれがつき当たるのは，この還元〔換算〕の尺度を決定するものが事実の上での交換関係〔比率〕じしんのほかの何ものでもないという認識〔知覚〕である。…熟練労働が，その生産物の価値形成にさいして，どのような比率で，かんたんな労働へ換算されるべきか，ということは，熟練労働に内在する何らかの属性から先験的に決定されていないしまた決定されることができるものではなくて，ただ，事実の上での結果——事実の上での交換諸比率〔諸関係〕——だけによって決定されるのである。／このこと（交換過程を引き合いに出すこと——引用者）は，ほかのすべてのことを度外視しても，あからさまな純然たる〔まったくの〕循環論法を意味している（訳書140-141,〔〕内は訳者）。

これに対し，ヒルファディング [1904] は，マルクスのいう「生産者の背後で確定される」換算の「社会的過程」とは，商品交換ではなく，複雑労働力の養成に必要な単純労働が一旦複雑労働力に体化し，商品の生産において発現することだ，と反論した。

こうした複雑な労働力をつくりだすためには，一連の簡単労働が必要であった。この簡単労働は，熟練労働者の人格のなかに貯えられている。かれが労働しはじめるときにはじめて，この養成労働は社会にとって流動的となる。したがって養成労働者の労働は，（より高い賃銀においてあらわれるところの，）価値を移転するばかりでなく，それに固有な，価値をつくり出す力をも移転するのである。それゆえ，養成労働は社会にとって潜在的なものであり，そしてそれは，複雑労働力が労働しはじめるときにはじめて社会に出現する。だから，複雑労働力の支出は，あらゆる多種多様の簡単労働の支出を意味するのであって，この簡単労働は複雑労働のなかにいわば凝結してあらわれるのである（Hilferding[1904]: 訳書 159）。

還元論の展開　しかし，ヒルファディングの指摘する養成労働の，価値形成に対する影響に関して，日本では相異なる理解が登場した。
　まず登場したのが，養成労働の投入によって価値を高められた複雑労働力が直接より大きな価値を生み出すという見解であった（遊部久蔵 [1949]，安部隆一 [1949]，花井益一 [1954][1955]）。

一体複雑労働は同一時間内において簡単労働に比しより大なる価値を創造すると云われるが，それはいかにして可能であるか？蓋し複雑労働は複雑労働力の発現であるが，複雑労働力の形成には簡単労働力のそれに比しより大なる費用を要ししたがってその価値はより大である。かくしてより大なる価値を有する複雑労働力は同一時間内に簡単労働力に比しより高度なる労働において発現し，ひいてはその労働はより大なる価値において自己を対象化しうるからである（遊部

[1949]:205)。

遊部はその換算方法をコフマン監修『マルクス主義経済学』(遊部[1949])の註22の例解を引用して示す。

一定の熟練労働者の修業に3万労働時間が費やされたと仮定せよ。さらに修業を受けた労働者が6万時間を要する生産労働に従事すると仮定せよ。この場合，彼の2時間労働の生産物の価値は1時間（修業の）を増加し，彼の労働の各時間は1・半時間となる（遊部[1949]:207)。

しかし，この論理は，労働力の産み出す価値を労働力自体の価値からは独立に生きた労働に求める以下のようなマルクス価値論の公理に抵触する。

労働力に含まれている過去の労働と労働力がすることのできる生きている労働とは，つまり労働力の毎日の維持費と労働力の毎日の支出とは，2つのまったく違う量である。前者は労働力の交換価値を規定し，後者は労働力の使用価値をなしている。労働者を24時間生かしておくために半労働日が必要だということは，けっして彼がまる一日労働するということを妨げはしない。だから，労働力の価値と，労働過程での労働力の価値増殖とは，2つの違う量なのである（K.I,S.207-208)。

ヒルファディングには上のような解釈に批判的な叙述もある。

ここで問題となっているのは，1つの熟練労働力の価値ではなくて，熟練労働が，いかにして，またいかなる比率において，簡単労働よりもより高い価値をつくり出すか，である。／われわれは，熟練労働がつくり出すところのより高い価値を，熟練労働力のより高い賃銀からみちびき出してはならない。これはひっきょう，『労働の価値』か

ら生産物の価値をみちびき出すものである（Hilferding[1904]: 訳書 156）。

また，荒又重雄，金子ハルオは，商品論で還元を問題にしているにもかかわらず労働力商品化を前提していると批判する一方で（荒又 [1962]:33，金子 [1963]:33），ヒルファディングのベームに対する反論の後段に依拠して養成労働が複雑労働力の中に体化され，その産み出す価値に影響を与える，と主張した。

複雑労働をなすためには，あらかじめ複雑労働力が形成されていなくてはならない。そのためには準備としての修業と教育が必要である。…これら修業労働と教育労働は，複雑労働力の所有者の人格の中に対象化されている。…ここで注意すべき点は，これらの労働は複雑労働力の価値を構成しないことである。人格の中に対象化してはいるが，労働力の価値に対象化してはおらず，いかなる商品価値にも対象化されていない。複雑労働力の価値を構成していくのは，修業労働や教育労働ではなく，修業期間の生活費であり，教育への支払である。／修業労働や教育労働は，直接に生産に支出されたわけではない。しかし，複雑労働力の形成をつうじて，間接的には技術的に不可避的に生産と結びつけられている。したがって，それは物的生産における価値形成に何らかの形で影響を及ぼさざるを得ないであろう。／内容からいえば，複雑労働が同一時間により多い価値をつくるのは，過去の修業労働や教育労働が，複雑労働力の支出において同時に支出されているからである。…それゆえ，特に準備のために修業労働や教育労働を要した労働は，複雑労働という形態をうけとり，倍加された簡単労働となるのである（荒又 [1962]:42-44，他に金子 [1963]:31）。

荒又は還元の例を，ラピドスを引用して次のように示す。

（働ける期間が 25 年の旋盤工が準備教育に 4 年要し，師匠がその教

育に自らの労働を4分の1割愛した例では−引用者）準備教育のために都合5ヶ年かかったことになる。したがって彼の毎年の労働へは準備教育の5分の1年が加算される。それで旋盤工の労働は，土工人夫の等量（時間的に）の労働生産物よりも5分の1だけ多くの価値を形成するということ，すなわち，複雑労働の1時間は単純労働の5分の6時間に等しい（荒又 [1962]:44）。

彼らの場合，価値を高められた複雑労働力が直接より大きな価値を生み出すのではなく，複雑労働力に蓄えられた養成労働が複雑労働の支出に際して製品に価値を移転する（「過去の修業労働や教育労働が，複雑労働力の支出において同時に支出されている」）としている点が特徴だ。商品の価値はその生産に投入された労働力商品の価値の大きさに左右されないという定理を守りながら，商品価値にはより大きな価値として結実することを明らかにしようとしているのである。

(3) 還元論の現在

複雑労働の単純労働への還元はその後も大きな展開を遂げたとは言えない。

依然として，生み出す価値の大きさを養成労働で高められた労働力の価値の大きさに求める見解と，労働力自体に求める見解は，それぞれ新たな賛同者を加えつつ（前者は和田豊 [1986] や櫛田豊 [1991-2001], 後者は泉弘志 [1992] 等）それぞれの立場から，相手の批判を続ける，平行線状態である。

複雑労働が単純労働に比しより多くの価値を生み出す根拠を，複雑労働力の養成に要する労働によって複雑労働力の価値が高められている点に求める見解は，複雑労働力の価値に比例して高い価値を生み出すため，剰余価値率均一という一般的想定を崩さずに済むものの，労働の生み出す価値の大きさを労働力商品の価値の大きさに求める点で，先に引用したマルクス価値論の基本的な定理に抵触するとの批判を免れない[24]。

他方，養成労働が複雑労働力の保有者の人格に貯えられ，複雑労働と共に，生産物価値に移転するという見方に立てば，上の基本定理には抵触しないものの，養成費用は可変資本に算入されながら，商品の価値に移転するだけで剰余価値を増大させるわけではないから，その分だけ剰余価値率が低くなる。そのため「低い剰余価値率を甘受し続ける『お人好し』の資本家を現実に想定するといった極めて不自然な抽象なくしては成立しない」（櫛田 [1991-2001]:185）との批判を浴びた。また，養成労働が複雑労働力に蓄えられ，複雑労働による生産の際に複雑労働とともに表出するという想定は，養成労働を複雑労働力の生産手段の如く捉えているために，究極的には櫛田豊のように労働力を生産物と看做すことにも繋がりうる[25]。

　しかし，より重要なことは，この見解も，文言上は複雑労働力の価値の大きさが複雑労働の生み出す価値の大きさを規定するとは述べていないものの，還元の仕方あるいは養成労働・修業労働と商品価値との関係を辿れば，商品価値の大きさを複雑労働力の形成に費やされた養成労働および修業労働の量に求めている，ということである。この点は，先のラピドスの引用でも明らかだが，桜井幸男による荒又還元論の図示に如実に表わされている。

図2.1：桜井による荒又還元論の図示（桜井 [1983]:120）

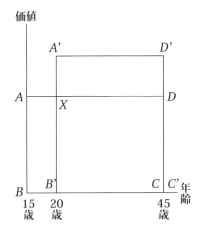

図における ABCD, A'B'C'D', ABB'X 面積は，それぞれ単純労働力が 15 歳 -45 歳の間に形成した価値量，複雑労働力が 20 歳 -45 歳の間に形成した価値量，単純労働が 15 歳 -20 歳に形成した価値量かつ修業期に行なわれた労働が後に顕在化するであろう「潜在的な価値」の大きさを表わしている。桜井は「従って，四角形 ABB'X と四角形 A'XDD' の面積は等しい」（桜井 [1983]:120）と明言しているし，荒又も「桜井氏は，わたくしの考え方の量的側面についておおむね適切な理解を示してくれた（荒又 [1988]:18）と肯定的に引用している。
　つまり，複雑労働が生産する商品の価値の大きさは，複雑労働力の価値の大きさを媒介するか否かは別として，養成労働および修業労働の量に規定される，と捉える点では両方の立場に違いはない。

2　複雑労働論の論理構成

　複雑労働の還元論争がすくみ合いを続けた背景には，還元論自身，取り扱う価値や労働に位相の異なる概念が混入していた，あるいは位相の違いを見落としていたことがあると思われる。

(1) 価値概念の混乱

　費用論的価値論　従来の複雑労働論の基本的構成では，還元論の当然のこととして，複雑労働の生産する商品の価値の大きさは単純労働のそれを上回ること，あるいはそもそも複雑労働が価値を生むことが前提にされている。
　もちろん『資本論』自身がそのように説いているからだが，改めてその根拠を問えば，必ずしも明確ではない。
　熟練労働の場合，ヨリ大きな価値を生むとの理屈は一見わかりやすい。生産性を指標とする熟練労働は，定義上，同種の単純労働に比しヨリ多くの生産物を生み出すからである。しかし，対象とする生産物が異なり，

生産性の高低を問われていない複雑労働の生み出す価値が単純労働のそれより大きいということはそれほど自明ではない。

　根拠となるのは，定義上の唯一の構成要素である「特別な訓練を要する」ことだけである。そこで，複雑労働力の価値の大きさを媒介にするか否を別にして，養成労働および修業労働にその根拠が求められる。

社会的平均労働に比べてより高度な，より複雑な労働として認められる労働は，単純な労働力に比べてより高い養成費のかかる，その生産により多くの労働時間が費やされる，したがってより高い価値をもつ労働力の発現である。もしこの力の価値がより高いならば，それはまたより高度な労働として発現し，したがってまた同じ時間内に比較的より高い価値に対象化される（K.I,S.211-212）。

大谷 [2001] は，直截に費用の回収と捉えている。

このような区別（単純労働と複雑労働の区別—引用者）は，商品生産の社会ではどのように考慮されるのか。／商品生産の社会では，ある商品所持者が特別の修業費を必要とした労働力をもっている場合，その修業費は，彼が私的に支出したものである。しかも彼はこの修業費を，自分が提供する商品との交換によらないでは回収できない。だから，この社会で複雑労働が必要とされるかぎり，複雑労働力の所持者が，彼の商品の交換をつうじて修業費をも回収することができなければならないのである（大谷 [2001]:61）。

　もちろん，ある商品の生産に投じられたものは生産主体にとっては費用をなすから，商品価格より回収する必要があることは誰しも否定できない。しかしながら，生産に投じられ費用を形成するのは労働力に限らない。三大生産要素すべてそうである。つまり，費用回収の必要性は価格変動の重心を規定するという意味での価値を形成することを意味しない。商品の価格は，その生産，調達に要した費用を賄うものでなければ

ならないことは，労働価値説を奉じる者は認めるであろうが，それは労働価値説を否定する者も同じである。また，同じ労働価値説を奉じる者であっても，いわゆるサービス労働に価値形成性を認める者と認めない者がいるが，後者もサービスの投入費用が商品価格で回収されなければならないことを否定するわけではない。言い換えると，複雑労働の養成費用が複雑労働力の価格価値，およびその生み出す商品の価格価値を高めることの論拠を論じたところで，固有の意味で労働価値説の理解が深まるわけではない。

搾取論的価値と動態論的価値の混交　また，剰余価値率は，１労働日における必要労働と剰余価値との比率，あるいは価値生産物における可変資本と剰余価値との比率を示す概念，言い換えると資本家と賃金労働者との分配関係に焦点を当てた概念であるから，資本間の有利不利は差し当たり問題にならない。

他方，利潤率は個別資本にとって投資の重要な指標であるから，明らかに劣位である状況が続けば見過ごしにできない。いずれ部門移動をせざるをえないであろう。その結果，長期的には利潤率均等化が起こり，費用価格に平均利潤を加えた生産価格が成立する。これは，「労働の形態転換[26]」を視野に入れた動態的価値である。

還元論争において剰余価値率による資本家間の有利不利が重要な論点として論じられていることは，価値生産物における資本家と賃金労働者との配分関係を分析する搾取論としての価値論と，個別資本間の競争を前提に重心価値の行方を探る動態論としての価値論，生産価格論とが区別されていないことの証であろう。

(2) 労働概念の混乱

複雑労働論には労働についても位相の異なる労働概念が入り交じっていた。

費用としての労働　『資本論』において，複雑労働の生み出す価値の，単純労働のそれへの還元が問題提起されたのは，冒頭商品論であった。

　しかし，商品論で想定される労働，商品の背後に想定される直接生産労働や価値表現を行なう労働は，商品の取得，価値表現，価値実現に必要な費用として扱われる限りで一様である。貨幣論及び資本論における労働，両替，送金，蓄積等貨幣取扱業務に関わる労働や信用調査に関わる労働も，単に業務に要する費用として一様な扱いを受ける。流通論では，重心価値を説かないのであるから，通常，生産物の種類に即して問題とされる価値を形成する，しないという区別はない。

　そもそも商品論において，2商品の交換関係から抽出される価値の実体としての労働は「人間の生理学的力能の支出」（K.I,S.61）に過ぎず，生産手段等に投入された過去の労働と，それを用いて新生産物を生み出す現在の労働との区別は設定されていない。一言で言えば，生産過程論的視角がない[27]。

　「ある物の生産に必要な」労働　その生産過程論には，既に検討したように，[A] 生産物視点，目的視点からの労働過程の捉え返し，[B] 目的視点からの生産的労働と生産手段の規定，[C] 生産過程の有機的連関における「労働の二重性」抽出の3つのポイントがある（本章第1章2(4)）。生産の目的物がハッキリして初めて，第1に，「ある物の生産に必要な」生産手段と生産的労働が有機的に編成され，その間には量的安定的関係[28]が生まれる。第2に，過去に投じられた労働と新たに主体的に投じられる労働の別が生まれる。生産物生産のための生産手段，生産的労働の有機的連関のなかで，使用価値を加工する直接生産労働以外の労働の存在もあらわになり，「労働の二重性」が導出される。

　部門移動を前提にした労働　さらに，還元論争において剰余価値率の有利不利が考慮に入れられる際の労働は，価格の変動に応じて機動的に投下部門を変更しうることが想定される。

　しかし，生産価格論は，労働に裏打ちされた価値による価格規制が主

題であり，利潤率に対応して部門移動する資本にとって，新たに参入する部門では，単位当たりの労働量がどれほどか，かなりの程度量的に確定的な関係が成立していることが前提になる。すなわち，市場における価格変動に対応して，資本が相互に競争しながら，供給を増やしたり，減らしたりと調整する場面では，どの資本も労働投入量をぎりぎりまで切り詰めようとするから，それぞれの商品の生産に必要な労働量には技術的な確定性が生じる。言い換えると，生産物との間に量的技術的確定性の高い労働，つまり単純労働を前提に利潤率均等化機構が説かれているのであり，特別の訓練を要し，追加供給に時間を要する複雑労働は捨象されている。

このように，経済学原理論上の価値概念や労働概念は複数の次元を構成しているのに対し，複雑労働還元論は，「広義の価値」，価値価格が扱われる流通論で単純労働と複雑労働の別を設定し，重心価値への還元を論じていた。複雑労働の理論上の意義を明らかにするには，価値と労働それぞれどの位相で問題にしているのか，明確にする必要がある。

(3) 価値と労働の複層性

　山口重克の「抽象的人間労働の二重化」　価値と労働の複層性を理解するために，前章で紹介した，山口重克の「抽象的人間労働の二重化」を簡単におさらいしよう。

　山口は，宇野が打ち出した流通主体の社会的均衡を予定しない無規律な運動の分析を一層推し進めるために，平均見本を取れない商品，価格変動に重心を想定できない商品についても，すべての商品が有する交換性向を価値，「広義の価値」として規定する（「価値概念の広義化」）。

　価値と労働との関係で言えば，「流通関係がまず世界を作って，それによって生産関係を包摂する。そういう関係で言えば，流通関係がまず先決的にある。／それにもかかわらず，労働が価値を規定するということを言おうとすると，生産の方が価値関係を規定すると言わざるをえな

い。しかも流通関係が先決的である」(山口 [1995]:115-116) という問題に対し,「流通(広義の価値—引用者)が生産を締め上げ,その締めた生産が価値(狭義の価値—同)を規定する」(同上)という相互媒介関係(「相互媒介性における流通の先行性」)を示した。
　したがって,抽象的人間労働も狭義と広義の2種類存在することになる。すなわち,価値による交換性追求,端的には資本の効率性原則による締め上げを受けた狭義の抽象的人間労働と,適用を受けていない,生産物生産のため必要とされる生産手段と生産的労働の有機的編成のなかに認められる労働の同質性を体現するものとしての,広義の抽象的人間労働である。

　価値と労働の複層性　このように考えると,価値と労働は,相互媒介しながらそれぞれ複数の層を成していることになる。
　まず,流通論では,重心価値という意味では,価値を有する商品もあれば,有さない商品もあるが,すべての商品は交換性向としての価値,「広義の価値」を有する。他方,労働は,生産要素の1つとして,言い換えれば費用の一部として扱うに止まり,重心価値,「狭義の価値」を形成するか否かは問われない。つまり,流通論では価値と労働は相互に独立している。
　生産論ではまず生産的労働が規定される。すなわち,あるものの生産に必要な生産手段,生産的労働の有機的な連関のなかから「労働の同質性」としての広義の抽象的人間労働が見出される。有機的連関を構成する生産的労働は使用価値の加工に携わる直接的生産労働ばかりではない。主に生産過程間の連結に携わる調整労働,保管労働,運輸労働等,山口のいう「無体の生産手段(Pm)」生産労働が含まれる。これら「無体の生産手段(Pm)」生産労働のなかには,その投入量・時期の判断など一定の経験,習熟を要する,すなわち特別の訓練を要する労働,複雑労働が存在しうる[29]。
　さらに,資本によって生産過程が包摂されると,物の生産過程は,資本の生産過程,価値増殖のための生産過程になる。すると,生産的労働

は資本の効率原則によって投入量がぎりぎりまで締め上げられ，成果との間に量的技術的確定性を有する労働，狭義の抽象的人間労働が発生する[30]。つまり，生産論では，「狭義の抽象的人間労働」，重心価値という意味での価値形成労働と，直接使用価値の加工に当たらず，生産物との間に量的技術的確定性を有さない価値非形成労働の別が発生する。また，その一部に複雑労働も存在しうる。

さらに，競争論になると，諸資本の競争機構として生産価格が設定され，価値は生産価格を通して実現される形となる。価値を通した労働による価格規制を主題とする生産価格論では，個別資本が利潤率の向上を競いながら，利潤率に応じて部門間移転を繰り返し，利潤率の均等化が果たされることが明らかにされる。利潤率均等化機構を問題にしているのであるから，労働も追加供給が容易な単純労働に限定される。他方，利潤率均等化の具体的態様を論じる景気循環論では，資本蓄積の進行に伴うボトルネックとして労働力の追加供給可能性が焦点になる。

表２.１：価値と労働の複層性

位相	価値	労働
商品論	すべての商品の特性としての「広義の価値」。「費用・価格としての価値」。	一様に費用として「広義の価値」に計上される労働投下。
生産過程論	資本・賃労働関係に焦点を当てた「搾取論としての価値」。	生産物視点より合目的的に編成された生産的労働は定量性が高い。その中には使用価値の加工に直接携わる労働と携わらない労働があり，後者の中には，事前の経験や訓練を要する複雑労働が含まれる。前者は，資本の効率性原則が適用されれば，量的技術的確定性を帯びる。
競争論	価格変動の重心という意味での「狭義の価値」。	利潤率均等化を前提にした生産価格論では，部門間移動に時間を要する複雑労働は捨象されている。他方，景気循環論では，追加労働力の調達問題として，特別の訓練を要する複雑労働の存在は重要な意味をもつ。

複雑労働の居場所　以上のように，価値と社会的実体としての労働をそれぞれ3つの層に分けることが妥当だとすると，複雑労働が理論的な課題となるのはどの位相であろうか。

　流通論では，労働は専ら費用として，すなわち生産要素の1つとして扱われる。したがって，養成費用に違いがあれば，賃金の違いとして現れる。しかし，流通論では上述のように重心価値，「狭義の価値」を有さない商品も含まれ，価値もあらゆる商品に共通の交換性としてしか規定されていないのであるから，賃金の異なる労働も重心価値との関係は問題にされていない。

　また，生産論では，生産過程の連結を司る労働，「無体の生産手段(Pm)」生産労働のなかに，調整労働等，単純労働とは異なって，特別の訓練・経験が要求される労働，複雑労働の存在を認めうる。また，資本の生産過程論では，資本の効率性原則で量的に絞り込まれた「狭義の抽象的人間労働」が形成される。このとき，平均見本を取りがたく，生産物のと間の量的技術的確定性を有さない先の複雑労働は，反射的に価値非形成労働と位置られうる。

　しかし，他方で，資本の生産過程論では，商品の価値にその価値を移転する生産手段と，賃金が労働者に渡ることでいったん価値を消失しながら，生産的に費やされることにより新たに価値を生み出す労働力商品との別に焦点が当てられる。資本・賃労働関係，搾取関係を分析する折には，狭義の価値形成労働か否かは積極的には問題にされない。

　競争論でも，利潤率均等化機構として，生産価格や市場生産価格，地代等が設定され，また均等化機構の補助装置として商業信用や商業資本が導出される場面では，利潤率をめぐる競争，言い換えると資本の部門間移動を妨げる複雑労働の動きが積極的に持ち出されることはない。しかし，諸資本の競争の結果としての景気循環を論じる場面では，重心価値に関わらない，費用としてしか計上できない労働の動きは重要になる。複雑労働は追加供給に難があるため，利潤率増進，その結果としての利潤率均等化機構に不均質な資本の動き，時間の経過を齎すからである。

こうして，複雑労働の存在は，生産論でも確認されうるが，価値の問題として積極的に論じられることはない。流通論と変わらず，費用としての労働投下，「広義の価値形成」労働という位置付けに止まる。しかし，資本・賃労働関係関係や諸資本の競争における利潤率均等化機構を超えて，資本・賃労働関係の進展による追加労働力の供給問題になると，特別の訓練を要する複雑労働は大きな意味をもってくる。つまり，複雑労働は，狭義の重心価値の問題ではなく，動態的な問題であろう。

3　労働市場の分立

(1) 還元論とは異なるアプローチ

単純労働想定の軛　「労働の同質性」設定の場を生産過程論に求めた宇野の系譜では，単純労働とは異なる労働類型はほとんど顧みられなかった。ほかならぬ宇野自身が単純労働限定を主張していたからである。

宇野が「労働の同質性」設定を資本の生産過程に求めたのは，異なる有用労働を，同じあるものの「生産に必要な労働」とみなすには，現実に「労働の形態転換」が可能である必要があり[31]，基本的に単純労働化が果たされる資本主義的生産様式を想定することが必要だと考えたからであり，原理論における労働は単純労働に限定すべきと明言していた（宇野編 [1967a]:86）。

単純労働以外の労働に関わって，従来の研究，還元論とはまったく異なるアプローチを示したのが，菅原陽心 [1980]，山口重克 [1985] および小幡道昭 [1990] である。

菅原及び山口が，ある物の生産に必要な生産的労働の有機的連関，山口のいう基準編成の中に，量的技術的確定性を有さない調整労働等を発見したことは既に別稿，安田 [2011]（本書第1章）で検討したので，ここでは省略する。

「型づけコスト」と労働市場の分化　小幡は，労働力商品はその販売のために一定の「型づけ」が必要であり，一度，型づけに成功した労働力は雇用が続く代わりに，型づけに手間取る労働力は失業が続くと，常雇と産業予備軍への労働市場の分立を説いた（小幡 [1990][1997][2009]）。

まず小幡のいう型とは，徒弟訓練を通して技能を身につけ，見習い工，熟練工，親方と登り詰める万能的熟練のことではない。マルクスの協業および分業概念の再検討に基づいて，異種労働の編成であるマニファクチャにおける熟練は，集合労働のなかで相互に他を前提にして初めて発揮可能なように平準化・標準化された労働であり，個人毎に異なる卓越した技能が求められているわけではない，と小幡自身は強調している（同 [1990]:21，同 [1997]:13）。ここで小幡のいう「型づけコスト」とは，商品である「労働力の内容を変化させるというより，同じ労働力を売るためのパッケージであり，販売費用に近い性格をもつ」（同 [2009]:172）。これは言い換えると，入職前に一定の期間と費用を要するということであるから，単純労働以外の労働類型としてこれまで議論されてきた，「特別の訓練を要する」複雑労働と同じとみなして良いであろう。

(2)「型づけコスト」による労働市場の分立

小幡が「型づけコスト」論で念頭に置いたのは，賃金の下方硬直性を社会政策的な観点からではなく，純粋に市場の論理として，市場の構造から説くことであった。

小幡によれば，市場とは，商品は価格を下げたからといって直ちに売り捌けるわけではなく，流通過程を通過するのに時間を要する。つまり「摩擦のある市場」と言える[32]。

さらに，労働力商品の特殊性のために市場は「特異な構造をもつ労働市場に変成せざるを得ない」（同 [1990]:23）。「労働市場の変成」を齎す労働力商品の特殊性とは，第1に労働力商品はその所有者が販売に際し各職種の要請に合わせるために一定の型づけコストを要するというこ

とであり，第2に労働組織としての集団力を発揮するために労働者相互のコミュニケーションを維持するなど一定の組織化コスト[33]を要するということである[34]。

　労働市場における売り手たる労働者間の競争は，この種の型づけを含むかたちで展開されるようになる。この場合，型づけのためには，労働者の側の主体的な努力とともに，一定の物的消費をともなうこともあろう。…しかも，この型づけにはある期間を要し，また同時にいくつもの型づけをおこなうことはできないという点がこれに加わる。こうして，労働市場はこの種の型づけを取込むことで…摩擦の大きな市場とならざるを得ないのであり，労働力商品はいわば重い媒体を介して売買されざるを得ないことになるのである（同 [1990]:21-22）。

　そのために一定期間を要する型づけが市場の側に押し出されてくると，労働力はある労働主体のもとに特定の型を維持する傾向を帯びてくる。／すなわち，一度型づけに成功し雇用された労働者は基本的には常雇の状態を継続するのに対して，そこから排除された労働者は失業者群を形成し，こうして産業雇用から産業予備軍が分化する（同:22）。

　産業予備軍が存在しても，「型づけコスト」の存在が壁となって失業者が直ちに常雇に流れ込むことはないから，賃金は下落しない，というわけである（同:25, 同 [2009]:171-173）。

(3)「型づけコスト」の意味

　われわれはかつて型づけコストと組織化コストの双方を検討し，小幡の立論からは常雇，勤続の発生は導けない，という判断を下している（安田 [2008]，本書第3章）。掻い摘んで言えば，型づけコストは，労働者本人の費用負担とされているため，資本による解雇を防げないし，組織

化コストは，すべて資本の負担とされているため，労働者の離職を防ぐことはできない。結局，常雇，勤続を導くには，同じ型を付けた労働者でも，現在，雇っている労働者を高く評価し，高い賃金を支払うしかないが，それにはその型が外部から直ちには調達できない企業特殊性を帯びている必要がある，と。

　小幡の立論は，その後，常雇と産業予備軍とは別に，入離職が激しい日傭い市場を加えたため（小幡[2009]），産業予備軍には「持続的失業」という位置づけが一層強まった。

　　労働市場の一方の極には，この一般商品と同じ市場が想定される。職を求める人口が N_2 であり，資本構成と規模から基本的にきまる雇用人口 N_1 であれば，N_2-N_1 の失業が発生する。労働者が日々 N_1/N_2 の確率で資本にピックアップされる，日傭い労働型の市場である。その日，だれが失業するかは，運不運の問題となる。／しかし，労働市場にはこれに還元できない二層化現象が観察される。すなわち，一度売れた労働力は繰り返し売れ，逆に一度売り損なうと，そこから脱却するチャンスをつかむのは容易でない。失業は持続するのである。こうして，労働力商品の売り手は，常備労働者と持続的失業者に分離する傾向を示す。臨戦時の必要に応じて徴兵可能な予備部隊という意味で，この持続的失業者は産業予備軍とよばれる。常備軍と予備軍が完全に分離された労働市場が，もう一方の極になる。そして，資本主義の労働市場は，この後者の方向に大きく傾いている。産業予備軍は，資本の側からみると，過剰労働力のプールとみなしうる（同[2009]:171-172，ルビおよび強調は原文）。

　確かに，その養成に一定の費用・期間を費やした複雑労働力を身につけた者が賃金の高いその職種に固執することは十分想定できる。しかし，その職種に就けない状態が続けば，単純労働に就くしかないであろう。そもそも日傭いの存在を認めている以上，産業予備軍を「持続的失業者」と位置づけるには無理がある。産業予備軍に持続的失業という特性はな

いとすれば，労働市場の構造から賃金の下方硬直性[35]を導くのも困難になる。

　しかし，「型づけコスト」では勤続や賃金の下方硬直性を導けないということは，それが労働市場に如何なる影響をも及ぼさないということではない。

　確かに「型づけコスト」の存在は，産業予備軍や日傭い市場とは異なる常雇という労働市場を成立させるわけではない。しかし，「型づけコスト」の存在が入職に一定の期間を求めることは否定しようがないから，労働市場は「型づけ」を終えた複雑労働と，単純労働を内容とする日傭い市場とに分断されざるを得ないであろう。

　つまり，一度「型づけ」を終えた者は，日傭い市場にも複雑労働の市場にもどちらにも流入が可能であるが，単純労働者は，「型づけ」を済まさない限り，日傭い市場に留まらざるを得ない。

　こうして，特別の訓練を要する複雑労働の存在は，上述のようにその養成費用を労働者本人が負担せざるを得ない以上，離職も解雇も防げず，常雇を齎すわけではないが，単純労働者が複雑労働を直ちには身に付けられない，単純労働者を直ちに複雑労働に就かすことはできないという意味で，経済学原理論のなかにも労働市場の分立を齎しているのである。

むすびに代えて

　本章は，社会的平均的な知識・技能を前提とする単純労働に比し，特別の訓練を必要とする複雑労働について，価値概念および労働概念の複層性という観点から再検討を加えた。

　その結果，複雑労働の存在自体は経済学原理論のそこかしこに認めることができた。流通論では，養成費用の掛かった労働力には相対的に高い賃金が支払われる。貨幣論や資本論におけるいわゆる貨幣扱い業務に特別の訓練を要する労働を想定することは難くない。また，生産過程論では，あるものの生産に要する生産手段と生産的労働の有機的連関のう

ちに，生産過程間の連結を司る調整労働等が浮かび上がってくるので，その一部に特別の訓練を要する複雑労働を認めることができるであろう。また，資本の生産過程論において，広義の抽象的人間労働が，資本の効率性原則によって量的にぎりぎりまで締め上げられ，生産物のと間に量的に技術的確定性の高い労働，狭義の価値形成労働の誕生が明らかになる裏面では，平均見本を取りがたく，量的技術的確定性の弱い，狭義の価値を形成しない労働が反射的に想定されうる。しかしながら，流通論では労働は費用投下として捉えられるだけであり，労働はすべからく「広義の価値形成労働」と扱われるに止まる。また，資本の生産過程論では，過去の労働の産物である生産手段に投じられた資本と，生きた労働を齎す労働力商品に投じられた資本との価値論上の違いが焦点であり，単純労働と複雑労働の価値形成の違いは視野に入っていない。

つまり，複雑労働は，「狭義の価値」，重心価値の問題ではない。しかし，特別の訓練費用と期間を要する複雑労働の存在は，資本蓄積の進行など，時間の視点が入る動態論では，追加労働力の調達による商品の需給ギャップの拡大，少なくともその是正の遅延という面で，市場の不安定性を高めるなど大きな焦点となり得る。

以上の作業を踏まえて，生産過程において単純労働と並存する，あるいは社会的再生産に係わる労働編成を支える複雑労働の特徴，評価や勤続の可能性についての検討に移りたい。

【註】

24）例えば，伊藤[1984]:147。また，泉弘志は，剰余価値率均等の想定に抵触しないよう設定を工夫する和田豊の見解を批判し，剰余価値率設定の意味を次のように説いている。「剰余価値率は，どれだけの価値が生産されるかということと労働力の価値がどれだけの大きさであるかということとが別個に決定されてその結果としてきまるものであるというのが，剰余価値論の正しい考え方であろうと思われる」（泉[1992]:52）。

25）櫛田豊は，生活手段を獲得するために行われる社会的な共同活動である

生産（労働）に対し，労働によって獲得された生活手段を利用して労働力の維持—形成に結実させる活動を消費活動と規定し，労働力を消費行為の生産物と捉えている（櫛田 [1996-2001]:26-28）。

26)「一見してわかるように，われわれの資本主義社会では，労働需要の方向の変化に従って，人間労働の一定の部分が，あるときは裁縫の形態で，あるときは織布の形態で供給される。このような労働の形態転換は，摩擦なしにはすまないかもしれないが，とにかくそれは行なわれなければならない」(K.I,S.58)。

27)「『資本論』があすこで労働過程を説いたということは最初に，『商品』を説いたことと同じように，マルクスの偉大さを示すものと思う。というのは，商品論で生産過程を説くことはできないからだ。商品として生産手段と労働力とを買うということになってはじめて商品形態の下に生産過程を入れることができる。商品は生産物ではあっても，その生産過程とは形態的に直接には結びつけるということはできない」(宇野 [1970,73]:822-823)。

28)「たとえば前章での社会的生産編成の例解 Km–PmI–PmII の PmI をとってみよう。…そこで考えられていた労働は，一定の文化的条件を前提にしたいわば人間生活の一部としての労働であった。すなわち，そこでの１日９時間という労働時間は，それぞれの社会の文化状況，生活様式，労働慣習に応じて，その中にたとえば共同体的団らんや儀式の時間，神への祈祷，礼拝の時間，昼寝の時間，大衆討議の時間などが含まれることを排除しない労働時間なのである」(山口 [1985]:104，他にも同 :86-87)。

29) 従来，複雑労働論では具体的な複雑労働として，医師のような資格を要する労働が想定されてきた。しかし，それは職種別労働市場の成立を最初から前提するに等しい。しかも「労働の形態転換」に年月が掛かるのを認めながら，価値論上の還元を問題にしている。ここでは，逆に，生産過程の絡み合いが視野に入れられる生産過程論を選んで，使用価値の加工に直接携わらない様々な労働の存在を明らかにし，その一部に特別の訓練の必要性，複雑労働の可能性を見出そうとしたのである。

30)「商品を生産するのに必要な平均的ないし標準的な社会的必要労働時間なるもの」は「資本の効率性原則の強制の過程で形成されるものなのである」(山口 [1986]:66)

31)「たしかに商品の交換関係は，互に異なった使用価値を有する商品を相等しいものとするのであって，『商品の使用価値からの抽象』によって特徴づけられるものといってよい。しかし商品は，決してその使用価値を捨象して交換されるわけではない。…事実，この両者に『共通なもの』としてあらわれるのは直接に価値ではなくて，貨幣価格にほかならない。それは屡々価値と多かれ少なかれ乖離して両者の交換を…いずれかの側からの交換として実

現するのである。しかもこの価格の価値からの乖離は，需要供給の関係を通して，生産自身によって調節せられることになるのであるが，この生産による調節は，さらにまた商品，貨幣の形態的展開を基礎とする資本による生産の把握によって始めて商品経済的に確保されるのである」(宇野 [1962]:173-174)。宇野が「労働の同質性」設定は商品生産が全面化し「労働の形態転換」が可能となる資本の生産過程を前提にする必要があると主張しながら，実際の「労働の二重性」の抽出を労働生産過程で行なっていることには疑問が湧くかも知れない。しかし，宇野自身が述べているように，「労働過程も労働生産過程として労働の二重性を明らかにすべきで，その抽象的労働という面が，いかなる社会にも共通なものとして明らかにされていないと資本が生産過程をつかむということの意味も生きてこない」(宇野 [1967b]:219)。生産過程の横の連関（「いろいろなものを生産しうるという点は（労働過程と区別された——引用者）生産過程でしょう」同 :226）から「労働の二重性」が設定されて初めて，抽象的人間労働の側面での必要労働・剰余労働の別を明らかにすることができる。資本の価値増殖の根拠が剰余労働に求められるのはその後である。本書註 14，安田 [2016] 参照のこと。

32)「貨幣によってなんでも買えるという現象は，こうして市場という商品のバッファを介してはじめて可能となるのであるが，このようなバッファの存続はまたその内部に一定の『摩擦』が存在するという市場の内部構造を基礎とする。いま摩擦ということで念頭においているのは，さしあたりある売り手が他の売り手より価格を多少下げることで，ただちに販売の優先権を全面的に獲得できる保証にはいっさいないといった事態である。もしこのような摩擦が存在しないものとすれば，売り手は次々に他より多少低い価格をつけることで即座に市場という箱を通過し得るのであり，その結果バッファは潰れることになる」(小幡 [1990]:13)。

33)「労働力は，個々の労働者が商品として別々に販売する。しかし，資本主義的な労働過程の基盤は協業にある。資本は多数の労働者を購買することで，集団力を手に入れる。これは個別分散的な労働者の寄せ集めでは乗りこえられない障壁をなす。労働力は資本のもとで組織化される必要がある。この労働組織は，外部からの支配・監督されるだけではなく，主体間のコミュニケーションを通じて維持される。日傭い型市場によって，労働主体を日々入れ替えることは，労働組織の形成・維持を困難にし負担が嵩（かさ）む。このため，同じ労働主体が持続的に雇用される傾向が生じるのである」(小幡 [2009]:172)。

34) 小幡 [1990] では労働市場分立の要因として型づけコストしか挙げられていない。その後，同 [1997] において，『資本論』に至るマルクスの協業および分業に関する諸規定を再検討し，従来包含関係にあるものとされていた両概念を，個々の労働が集団労働のなかでしか力を発揮できないために全体を指揮・監督する資本に支配が移転することを強調する「集団力(Massenkraft)」としての協業（K.I,S.345）と「集合」労働において個々の労働が相互に前提

され労働の連続性や規則性が可能となるように標準化してゆくこと，すなわち分業（K.I,S.365-366）とに意識的に区分した。これを承けて，同 [2009] において職場で諸々の労働者をまとめ配置させる組織化コストと，前述の型づけコストの両面から，常雇と産業予備軍とへ労働市場の分立と賃金水準の安定を導くに至ったのである。

35) 賃金の下方硬直性も労働市場の構造から説くには無理がある。小幡自身，常雇を導くのに型づけコストばかりでなく，市場要因ではない組織化コストを持ち出したように，下方硬直性も労働力商品の特殊性から説く方が妥当であろう。すなわち「労働力は単なる物と違って，労働者の主体性を媒介しなければ消費すること，すなわち労働させることができない。主体的な労働意欲のない労働者に無理矢理労働をさせると，怠けたり，集中度が低下したりして，生産手段の消費の無駄が多くなったり，不良品の比率が大きくなったりするという問題が生じ，資本の効率性原則が侵害されることになる」（山口 [1985]:110-111）という事情を考慮すべきであろう。他方，職種別市場の方は追加供給に時間が掛かる労働力類型の市場であるから，その賃金は純粋に需給関係で決まる，と考えられる。つまり，特別の訓練を要する複雑労働は，その生み出す商品ばかりか，複雑労働力という商品にも重心価値を想定できないのである。

第3章　評価と勤続の理論的可能性
――能力主義を例に

はじめに

　前章では，価値を生しない生産的労働の例として，複雑労働に関する研究を取り上げた。そこでの結論は，特別な訓練の必要性をメルクマールとする複雑労働は，追加供給が容易ではないために，単純労働（価値形成労働）に還元することはできないものの，正にそのことによって労働市場を単純労働と複雑労働へ分断する職種別労働市場が成立する傾向を伴う。但し，それぞれの市場内部では売り手，買い手双方の競争が繰り広げられ，勤続が発生するわけではない，というものであった。

　本章では，一方でこの複雑労働を参照基準に，他方で今日話題の能力主義的労働を例に，経済学原理論における評価や勤続の可能性を検討したい。

　もちろん，正社員ないし従業員の定着を前提とした労務管理法という側面が強い能力主義を扱うことには疑問が投げかけられるであろう。確かに従業員の定着化，いわゆる内部労働市場の成立は戦間期のことである[36]。また，「能力主義的管理」という言葉自体，欧米の職務給導入の試みが挫折した1960年代の日本においてその代替策として登場したという経緯がある[37]。しかし，ここでは評価や勤続の発生の純粋に理論的な根拠を検討する。何故ならば，理論的な考察を欠いたまま現実の賃金形態の分析に臨むならば，能力主義や成果主義は現代資本主義を規定する労働者同権化によって発生した勤続の長期化とそれを抑える動きといった発展段階論的位置付けで済ませたり[38]，不況に乗じて賃金労働者に一方的に押し付けられた人件費抑制策であるとか労働者分断策であるといった状況的説明[39]に終始したりすることになるからである。第

1章で明らかにしたように，生産過程自体が，直接生産労働に止まらない調整労働等を含んでいるのであり，その特徴や影響は理論的に分析される必要があろう。そもそも制度や慣習など個別主体の行動を拘束し，経済学原理論の展開を妨げるよう要件でなければ，理論的な検討の対象とされて何ら問題はない[40]。

本章では，まず従来の能力主義に関する代表的論稿を取り上げ，能力主義のメルクマールが個人査定の適用と勤続昇給にあることを確認する。そのうえで，評価が求められるのは成果との関連が不確定的な労働であり，勤続昇給が必要なのは勤続に伴い技能・知識が蓄積する労働であることを明らかにする。

1　能力主義とは

(1) 熊沢誠の能力主義規定

「能力主義」という言葉は，言い古されているものの，必ずしも明確な定義が与えられているわけではない。

能力主義という言葉に対する共通した理解はなく，使う論者によってさまざまに用いられるが，一般的には従業員が長期間にわたって培った「職務遂行能力」によって評価・処遇が行なわれる制度であると考えられている（岡本[2003]:264）。

そこで，能力主義を検討するに当たり，能力主義論の嚆矢ともいうべき熊沢誠（熊沢[1997]）の定義を取り上げてみよう。熊沢が一貫して日本企業における能力主義管理に対して批判的態度を取ってきたことは周知の通りであるが，能力主義を主題とする熊沢[1997]ではその集大成が図られているからである。

図3.1：熊沢の賃金形態分類図（熊沢 [1997]:12）

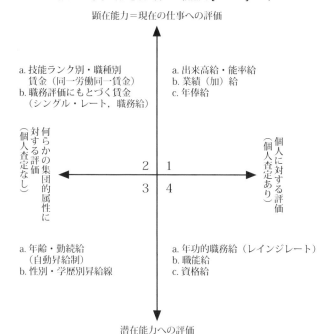

注：縦軸の右がより能力主義的で、左が処遇上でより平等主義的.
　　横軸の上がより欧米的で、下がより日本的.

さまざまの賃金支払システム

　まず熊沢は「日本の賃金の特徴や変化の動向を考える手がかりとして」（同:11），顕在能力（現在の仕事）への評価か潜在能力への評価かという第1の区分軸と，個人に対する評価（個人査定あり）か何らかの集団的属性に対する評価（個人査定なし）かという第2の区分軸の2つを設定し，諸々の賃金形態[41]を4つの象限に分類している．すなわち，前者を縦軸，後者を横軸にして4つの象限からなる分類図を示し，出来高給と業績給，最近はやりの年俸制を象限1に，職務給（シングル・レート）を象限2に配置し，象限3には年齢給，勤続給を，象限4には職能給や年功的職務給（レインジ・レート，いわゆる範囲職務給）を配置する．そのうえで「能力主義的な賃金とは，象限1と2ではなく，象限1

と 4 である」（同 :11）と，能力主義のメルクマールが第 2 の区分軸である個人査定の有無にあることを宣言している。

ここで簡単に用語の解説をしておこう。

古林喜楽 [1953] によれば，第 1 次大戦中の大量生産方式の急激な発展により既存の職務が分解され多数の新職務が発生したため，新職務を相互に比較し賃率を調整する必要性が資本家のみならず，傘下に多くの職種を抱える産業別労働組合にも生じ，科学的な手法による職務分析と職務評価に立脚した職務給が成立するに至った。もっとも日本の職務給に当たる英語はなく，職務評価 job evaluation が用いられている。職務毎の賃率 rate for the job は既に以前から受け容れられており，各職務の困難度，必要な能力・資格等を職務分析 job analysis したうえで相互に比較し賃率を決定する職務評価 job evaluation こそ専ら 1930 年代に成立したことなのである。

職務給は職務分析の結果，数値が近い職務を一つの職務等級に統合し，等級毎に賃金が支払われる単一賃率が基本である。ブルーカラー労働組合員は上司による仕事の評価，査定を拒否しているからである。しかし，ホワイトカラーは査定を受け入れているため，同じ職務に就いていても，受取額に差が生じる。同一等級の職務でも，査定を反映して，上限額と下限額が定められているので，ホワイトカラーの職務給はレンジレートないし範囲職務給と呼ばれる。

ちなみに，熊沢が「年功的職務給」と呼んでいるように，アメリカのホワイトカラーの昇給は，各職務等級の給与レンジ（範囲）内における当人の位置を基準に，年 1 回の査定成績によって次年度の昇給率を決めるメリット・インクリース merit increase と，物価上昇に合わせて各等級の基本給を引上げるストラクチャル・インクリース structural increase からなる。前者はさらに同一レンジ内の昇給と昇級による昇給の 2 つのケースがある。本寺 [2000] によれば，査定成績が悪い場合でも基本給を下げることはむずかしくせいぜい 0％ 昇給に止まる。もっとも 0％ 昇給の人は，事実上の退職勧告といえる成績・業績改善モニターが行なわれることがあるうえに，他の者にストラクチャル・インクリース分の昇給が適用されているならば，取り残されたようになる，と。

このように熊沢が能力主義のメルクマールを個人査定に求めていることは明白である。しかしながら，これをもとに原理論における能力主義の可能性を考察するに当たっては，なお検討すべき点がある。

(2) その問題点

緩い査定規定　まず第1に，能力主義の識別基準とされている個人査定に対する熊沢の認定は広すぎて不適切である。

熊沢が能力主義として列挙しているのは，年功的職務給，職能給，資格給，出来高給・能率給，業績（加）給，年俸制である。これらが能力主義と認定された根拠は，前三者については「潜在能力への評価」に基づいていることであり，後三者は「顕在能力＝現在の仕事への評価」である。いずれも個人査定を適用しているという認識による。

しかし，出来高給は個人査定を前提にした賃金形態とは言えない。

例えば，欧米のブルーカラーの基本給は職務給一本で構成されており，場合によっては出来高給がそれに付加される[42]．しかし，この付加的な出来高給を以てブルーカラーが査定を受け容れているとは通常言わない。むしろ欧米のブルーカラー労働組合員は査定を拒否しているとされている[43]。

通常いう査定とは，上司が，個々人の仕事ぶりを業績，情意，能力の三面にわたってシステマティックに評価するものであり[44]，出来高給のように，外的に表出した出来高を機械的に計測するケースを含めない。

現に熊沢が「顕在能力＝現在の仕事への評価」であることを根拠に出来高給と同じ象限Iに配置している業績給や年俸制にしても，決して被査定者の業績を機械的に計測しているわけではない。むしろこれらが適用される職種は人事，企画，研究・開発等，個人毎の業績を計測しにくいホワイトカラー労働である。これらの職種は業績が個人毎に「顕在」化しているわけではないから，その評価には種々の工夫を凝らす必要がある[45]。

一定の手続きを経て潜在能力を顕現化している能力主義と，成果を外形的に計測する出来高給を同列に置くべきではないであろう。

勤続・年功性との関連　第2に，能力主義と年功性や勤続との関係に

ついても曖昧である。

　熊沢は，象限3の年齢給・勤続給を「年の功」年功賃金と呼んでいるのに対して，職能給を「本来の『年と功』年功賃金」と呼んでいる。ちなみに「年と功」賃金とは，小池和男 [1977] が考案した用語である。従来の年齢に応じた昇給した賃金制度，いわゆる年功序列型賃金が「年の功」賃金制度であるのに対し，実際の日本の賃金制度は勤続とともに知的熟練が累積している点を反映していることを根拠に「年と功」賃金制度と呼び分けたのである。しかも，欧米のホワイトカラー向け賃金形態である範囲職務給を，日本の職能給と同じ象限4に割り振ったうえで，わざわざ「年功的職務給」という呼称を与えている。その限りでは，熊沢は能力主義には勤続とともに昇給する傾向，すなわち年功性があり[46]，しかもそれは日本に留まらない属性と認めていると読み取れる。

　他方で，能力主義の発展を説く段になると，熊沢は年功性をあたかも日本社会に固有の性向であって能力主義にとっての与件として扱っている。すなわち, 能力主義は, 未だ高度成長期の直中にあった第1期（1960年代半ば）には，人手不足もあり，労働組合の主張する自動昇給論，すなわち年功性と妥協していたものの，企業が石油危機への対応を迫られた第2期（1970年代半ば〜92年頃）には従業員の選別に威力を発揮した。人員削減，ME化，ジャスト・イン・タイムJIT方式の導入，いずれも日本企業が従業員に求める第1の能力・フレキシビリティの高度化を要求していたからである。その結果,「賃金の上がり方」はなお外形を保たれたものの，ブルーカラーの賃金ピークが若返ったり，ホワイトカラーにおける40代以降の賃金の20〜24歳層に対する上昇率が低下したりして，「雇用保障と賃金決定における能力主義的選別が静かに進行して，それを包んでいた年功制を空洞化させつつあった」（同 :45），と。しかし，他方で，従業員をいつまでも競争に投げ込んでおく必要から「個人のがんばりを年齢・勤続階級に仕切って評価する『年と功』システム」（同 :57）として年功性が維持されるに至った, とも説いている。つまり，ここでは，能力主義は，年功性を浸食する作用をもつものの，日本に限っては労働者間の競争を永続化させたいという企業側の要請か

ら年功性が温存されたため[47]，年齢で仕切られた競争，「年と功」システムとして実現した，という認識が示されている。

果たして能力主義にとって年功性は制約要因となる古い制度なのであろうか，それとも密接に関連する属性なのであろうか。

(3) 能力主義の成立要件

出来高給と能力主義 以上の如く，一見，個人査定の有無を基準に明解に規定されているように見える熊沢の能力主義論も，査定の内実，年功性との関連の両面において，揺れが認められる。しかし，こんにち広く普及している能力主義や成果主義を念頭に，その資本主義経済における原理的基礎としての能力主義の可能性を検討しようとするとき，能力主義を資本主義に一般的な出来高給にも広げ，労働者間の競争システム一般[48]に還元したり，年功性を日本特有の属性としたりすることは適切ではないであろう。

まず第1に，個人毎の出来高の違いを賃金に反映させている点を以て出来高給を個人査定を前提にした賃金形態と捉えるならば，能力主義や成果主義の独自性が曖昧になる[49]。

例えば，欧米のブルーカラー労働組合が査定を拒否しているように，必ずしも査定を必要としない労働類型も存在しうる。他方で，ホワイトカラーはもちろんのこと，戦後日本のブルーカラーや80年代以降の欧米の一部のブルーカラーにみられるように，査定が適用されるブルーカラー層も存在する[50]。ところが，賃労働に一般的な出来高給を査定に基づく賃金形態と位置づけるならば，そもそも査定を要する労働とそうでない労働とを区別しなければならないという視点が形成されず，したがって業績ばかりでなく情意や能力を評価対象とする査定が適用される労働類型が増大していることを資本主義経済の発展との関連で捉えようという問題意識も出て来ないであろう。むしろ情意や能力に対する評価は出来高や業績ほど客観性がないが故に不完全な評価と捉えられることになりかねない[51]。

勤続昇給の意義　第2に，年功性を日本の特徴としてしまうと，先進諸国に共通な側面が曖昧となるからである。

能力主義と成果主義とは，後者が専らホワイトカラー上層部に限定されるなど対象の違いもあるが，年功性へのスタンスに大きな違いがある。職務等級ないし職能等級に対応した賃金，欧米の職務給，日本の職能給が「積み上げ方式」であり，基本的に年功制を帯びているのに対して，一定範囲内で「洗い替え方式」を適用している点に1990年代末登場した成果主義の特殊性，意義があった。

欧米の職務給も日本の職能給もそれぞれ職務等級，職能等級に応じ支払われる。個人査定の成績によって，同じ等級でも賃金に違いが生じたり，昇給に遅速の差が生じたりするものの，降級は想定されていない。いわゆる定期昇給によっても昇給するため，積み上げ方式が基本となっている。そのため，実際の運用は年功的になっていた[52]。

これに対し，降級を可能にする「洗い替え方式」が1990年代以降，話題になったpay for performance，成果主義賃金だった。

成果主義の仕組みを，その代表例とされる富士通のケースでみれば，一定階層以上のホワイトカラーを主たる対象に目標評価管理制度を適用し，半年毎の目標達成度を5段階評価したうえで，ポイントに換算し，その1回から4回分，すなわち半年から2年間の累積ポイントによって昇給，昇進等の処遇をほとんど一元的に決定している。富士通の新人事制度の特徴はせいぜい2年間という短期間の成績によって達成度区分を見直し，職責給を増減させる「洗い替え方式」にある[53]。

他方，旧来の「積み上げ方式」も決して日本社会に固有な年功制ではない。確かに富士通の職責等級，より一般的呼称では職能等級制度には降級がなく，したがって基本的に等級に規定されている本給は減給されず昇給志向を有しているという意味では単なる年功制のように見えるかもしれない。しかし，欧米の職務等級制度も昇級を基本とする「積み上げ方式」である。しかも，日本の場合，昇給も昇級もともに査定成績を判断基準としている点では能力主義なのである。

能力主義が年功性ないし勤続昇給の傾向を帯びているからこそ，査定項目を専ら業績に限定し，せいぜい2年間の業績（目標達成度）を参考に，達成度区分を見直す「洗い替え方式」によってその年功性を抑えようとする成果主義が求められているのである。
　ところが，年功制を日本社会に固有のものとするならば，成果主義は，90年代の日本になお残っていた年功制を抑制するために，非年功的な賃金形態が欧米から導入されたという位置付けが与えられることになり，成果主義がこの時期，日本に限らず，欧米で導入されてことや日本では既に60年代末から導入されていた能力主義との関係は抜け落ちてしまう[54]。

　このように考えると，「能力主義」の成立要件は，出来高給のような労働者の働きぶりの外的計測に止まらない，情意，能力をも評価する査定及び勤続昇給の2点になろう。熊沢の賃金系分類図をこの観点から描き直すと以下のようになる[55]。

図3.2：著者の賃金形態四象限図

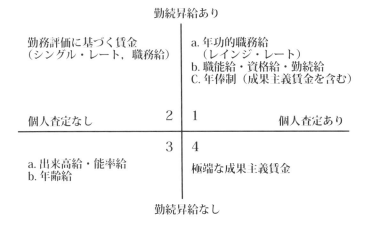

2　原理論における評価の可能性

　個人査定と勤続昇給をメルクマールとする能力主義的労働は経済学原理論でも発生しうるのであろうか。まず評価の可能性について検討してみたい。

(1) 原理論における評価の不在

　剰余価値隠蔽論　これまで原理論においては賃金労働者に対する評価はほとんど取り上げられてこられなかった。

　労働力商品に対する評価を賃金についてみれば，『資本論』第1部では第4章「貨幣の資本への転化」において労働力商品の消費である労働が産み出す価値と労働力商品の価値，すなわち賃金との差として剰余価値が説かれている。この規定を承け，第3編から第5編では，剰余価値あるいは1労働日と必要労働との差である剰余労働を拡大させる仕組みが解説されている。

　剰余価値に焦点が当てられる限りでは，資本家と賃金労働者は代表単数的に扱われ，賃金労働者間の相違は背後に退く。賃金は，価値としてみれば，労働力商品の代価であって個々の労働に対する代価ではないから，個々の労働者が行なう労働の違いを評価し賃金に反映するという観点が入り込む余地はない。

　もちろん，賃金については，価値規定のみならず，価格規定も認められる。第6編「労働賃金」では，当事者間では賃金は労働力の価値ないし価格としてではなく，労働の価値ないし価格であるかの如く現れるとして，生産した製品単位の支払である出来高賃金やラインについた労働時間単位の支払である時間賃金が規定されている。しかしながら，そこでの賃金形態は，賃金が労働力商品にではなく，労働に支払われるかの如く現れることによって剰余価値形成の秘密を隠蔽する表象としての役割が与えられているにすぎず，第5編までの賃金規定と異なるところが

ない。

隠蔽論の限界　上述のように賃金規定が実体論に偏重しているのは，原理論展開の力点が剰余価値形成，すなわち搾取の解明に置かれていたからであろう。

しかしながら，剰余価値形成の秘密が露わにされたところで，市場では労働力商品の価値が価格として現れること，すなわち賃金が個々の労働の対価として扱われることに変わりはない。

例えば，原理論で労働組合が出てこないのは，労働者の団体行動が，あたかもカルテルのように自由競争モデルを掘り崩してしまう，という方法論的理由ばかりではない。いわゆる上部構造の問題とは切り離して商品経済の論理で規定されている原理論では，賃金労働者は，雇用され生産過程に入る前に，労働力「商品所有者」であるから，その個別主体としての利害は即自的には一致するものではない。ところが，従来，賃金労働者は生産手段の「非所有者」として専ら階級的視点から代表単数的に扱われ，労働力商品の所有者として，つまり流通主体として意識的に規定されることはなかった。賃金労働者の個別主体性が欠落した理論では，彼らの仕事ぶりに対する評価，個人査定が規定されないのは当然であろう。これが原理論で評価が欠落していた根本原因である。

(2) 個別性を超える種別性

個別性　では，賃金労働者の個別性を認めるとどうか。

例えば，『資本論』でも規定されている時間賃金ないし出来高賃金は労働時間や出来高を基準に支払いに差を設ける賃金形態である。労働力商品の場合には，その消費においてどれだけの労働が実際に引き出されるか事前にはわからないという特殊性から後払い形式が採られ，実際の労働時間ないし仕事量に応じて支払われる時間賃金ないし出来高賃金が適用されるのが一般的である。賃金に個人差を設けるこれらの賃金形態は，賃金労働者を労働力の商品所有者として相互に私的利害を追求して

いる主体として認めていると言えよう。

最近では，小幡道昭が，伝統的賃金形態のうち，労働時間を単位に支払額を決める時間給は「労働時間が売買当事者の評価に依存しない外形性を具えている」(小幡[2009]:134) のに対して，労働成果の単価を定めて，これを基準に支払額を算定する出来高賃金ないし個数賃金について「労働成果の単価 $\bar{p}$ には，独自の評価が加わる。この単価 $\bar{p}$ は労働成果 の商品価格として市場で決定されるのではない。労働成果は資本のものとなり，それは文字通り商品として売買され，その価値は市場価格 $\bar{p}$ で表現され実現される。これに対して，労働成果の単価は賃金の指標であり，それは労働の場に踏み込んで作業内容を観察・分析するかたちで約定される」(同:136) と指摘している。

確かに出来高賃率の設定は，企業横断的な時間賃率とは異なり，その企業独自の評価が含まれる余地がある。しかし，小幡が出来高賃金に認める評価の設定は，全員一斉に適用される出来高の単価設定にすぎず，個人の仕事ぶりの評価，査定とは異なる。つまり，時間賃金も出来高賃金も，賃金労働者間の労働時間や産出量の違い，バラツキを反映することができるとはいえ，労働者本人が生産ラインに付いたことの結果を，生産過程で行なわれた労働の内容とは関係なく，いわば外形的に計測しているにすぎない。その底には，個数賃率ないし時間賃率を加減すれば，それに応じて労働強化や労働時間延長が実現し，成果が上がるという発想が横たわっており，一人一人の仕事ぶりを評価すること，つまり査定の必要性は認められない。現に小幡も「資本主義的労働組織の内部で意味をもつのは，出来高として客観的に計測できない『評価』が組み込まれるときである。出来高賃金は，出来高が個々の労働者ごとに，それぞれ客観的な数量として計測可能であることを前提条件にするものである。その点で，『査定』によって，成果を『評価』する支払方式とは，基本的に異なるものなのである」(同上) と述べ，出来高給の「評価」は「査定」とは異なることを認めている[56]。

種別性 では，単に賃金労働者の個別的振る舞いを前提にするだけで

なく，労働類型自体が異なるケースはどうか。

　第1章で確認したように，宇野理論の系譜では，理論的考察の対象が単純労働に限定されていたものの，他方であるものの生産に要する生産過程間の連携，調整を視野に入れると，単純労働とは言えない，言い換えると価値形成的ではない労働の存在を認めざるを得ない。

　しかしながら，同じ価値を生産しない生産的労働と言っても，通常取り上げられる複雑労働や熟練労働と調整労働とはここでいう評価，個人査定の要否に違いがある。

　例えば，複雑労働とは，前章でみたように，社会的平均的能力を有する者であれば誰でも担いうる単純労働，簡単労働に対して，入職前に特別の訓練を積むことによってのみ担いうる労働類型を指す。しかし，訓練の必要性は，複雑労働の賃金形態が時間給，出来高給であることを妨げるわけではない。誰も受ける普通教育以外に，特別に訓練費用が必要であったということに対しては，単純労働に比して高い賃率を時間給，出来高給で設定すれば済むからである。

　他方，熟練労働も，定義上，単純労働よりも生産性が高い，時間あたり多くの生産物を生産するというに過ぎず，その成果を時間あたりの生産量や1個当たりに要する労働時間として外形的に計測できる限り，上司による仕事ぶりの評価，査定に手間を掛ける必要はない。出来高給を適用するか，時間給に単純労働に比して高い賃率を設定すれば済む。

　さらに，歴史的事実としても，熟練は熟練工の組合であるクラフト・ユニオンが設定した社会的制度であって，現実に個人によって異なる技能の違いをそのまま反映しているわけではない。熟練工と社会的に認定されたか否かによって熟練工と不熟練工とに峻別され，処遇が決定する仕組みであった。したがって，熟練工として認められた以上，個々の労働者が実際に発揮する技能をその都度評価する必要はなかった[57]。

　このように，単純労働とは異なる労働類型というだけでは，出来高給を超えて，個人毎の仕事の評価，査定の適用が不可欠になるわけではない。

(3) 査定が必要な労働とは

　査定の要否　では，査定を要求する労働とはどのようなものであろうか。既に上の複雑労働に係わって触れたことではあるが，もっと具体的に考察してみよう。

　査定を必要としない出来高給や時間給が適用される労働と対置すれば，わかりやすいであろう。それら原初的賃金形態が適用される労働は，労働時間を押さえれば成果が予測可能であるし，成果を計れば労働の有り様も予想がつき査定を施すまでもない，つまり成果との間の量的技術的関連性が高い労働である。逆に，個々人の成果が現れにくい，あるいは現れても現れ方が不確定的な労働の場合には，成果だけを基準に賃金等処遇を決めることは困難ないし不適切である。

　個人の成果　個々人の成果が現れにくい労働とは，一言で言えば，間接労働である。具体的には，一般的な事務労働であり，生産過程における調整，保全等の労働である。

　例えば，商品の生産は複数の生産過程を通して行なわれるため，生産過程間の連携を意識的に取らない限り，前工程が終わるまで後工程の開始が待たされたり，前工程の生産に後工程が追い付かず前工程で産出された部品が店ざらしにあったりする事態が生じるであろう。そのため生産過程間の調整が必要となる。このことは他面では生産量や生産期間について所定の目標に到達できるよう，労働者を監督管理する労働が必要ということでもある。しかし，こうした調整や管理の成果は生産過程全体の生産量の増減として現れるものの，個人毎に成果が現れるわけではない。この場合，労働時間や職場全体の出来高という外的指標だけで評価・処遇しようとするならば，そのような外形的指標によっては把捉しがたい生産過程間内部の調整，相互の補完ないし協力，さらに教育指導などは十分に反映されないため，集合労働に不可欠なこれらの労働が十全に発揮されることはないであろう。労働時間や産出量という外形的指

標以外に，日常的な仕事への取組み，協調性や積極性などの情意評価が求められる。

成果の不確定性　さらに，たとえ個人毎に業績が現れるにしても，その現れ方が不確定的な労働もある。

個々人に判断が委ねられる裁量性が高い仕事の場合，その成果は個人毎に現れるであろうが，その現れ方にはバラツキがある。バラツキがあるから斉一的に指図はせず，本人の裁量に委ねるのである。

具体的には，流通過程中も生産過程を維持するために要する前貸資本中の準備資本額の決定，言い換えると生産規模の決定，手形引受や割引の可否の判断，割引率の決定，商品の仕入れや売却に係わる価格，時機，場所の判断等，個々人の判断を伴う労働がそれである。

これらの労働は，その進め方，手順に定型がないため当人にその判断を委ね，管理・評価に当たっては労働時間等外延的指標ではなく，まず成果が用いられる。しかし，定型がない反面として，同一人であっても，成果が著しかったり，芳しくなかったり不確定的である。良い結果が出たからといって，その仕事の進め方，判断が唯一絶対とは言えないし，逆に，結果が芳しくないからといって，一概にその仕事の進め方，判断が誤っているとも言えない。むしろ業績だけで評価を下すならば，過去の経験からより失敗が少ないと判断される一般的な方法ばかり選択され[58]，裁量を認めた意味が失われるであろう。したがって，これらの労働には業績に留まらずに労働過程の内実に立ち入った評価が必要となる。すなわち，本人に好業績を産み出すに足る潜在的な「能力」（業務知識，経験）が備わって いるか否か，あるいはまた好業績を産み出すことが予想されるプロセス，日常の勤務態度「情意」（積極性，協調性）が示されていたか否かをも評価する必要があろう[59]。

3　原理論における勤続昇給の可能性

(1) 勤続導出の試み

　従来の考え方　従来の原理論研究では勤続につれた昇給は全く扱われていなかった。そもそも勤続が想定されていなかった。生産手段を有さない賃金労働者は自らの労働力商品を売らなければ生活の糧を得られない半面，機械制大工業の下で労働が単純化しているため資本家にとってはどの労働者を選ぼうと違いがないものと想定されていた。また『資本論』では労働市場が逼迫し賃金が昂騰する資本の有機的構成不変のままの蓄積は「中休み期間」に過ぎず，資本の有機的構成高度化蓄積が常態であると位置づけられたために，労働力商品は慢性的に過剰とされ，最終的に窮乏化法則が導出されることになった。

　窮乏化法則に異を唱えた宇野弘蔵も勤続を想定してはいなかった。宇野 [1950,52] は資本構成不変のままの蓄積を好況期の蓄積パターンとして位置付け，産業予備軍は一方的に累積するわけではなく，資本蓄積パターンの交替によって失業者がそこに排出されたり，そこから吸引されたりするものとした。そのうえで，好況期に昂騰した賃金が不況回復後の次の景気循環期における基準賃金となると主張した。しかし，それは賃金水準の趨勢的な上昇を意味しているのであり，勤続昇給ではない。宇野にあっても，賃金労働者は資本蓄積の過程で一様に産業予備軍に押し出される可能性を有している点では区別されていなかったのである。

　そのような中にあって持続的雇用，常雇の発生を説いたのが，小幡道昭 [1990][1997][2009] 等である。

　「緩衝としての市場」論　小幡は市場を「摩擦」を帯びた場と捉え，その労働市場論への応用を図っている[60]。

　ここでいう「摩擦」とは，市場では商品は価格を下げたからといって直ちに売り捌けるわけではなく，流通過程を通過するのに時間を要する

ということである[61]。言い換えると，市場は常に商品の在庫で溢れており，資本蓄積のダイナミックな動きに対するバッファ（緩衝）を構成している。

この「摩擦を帯びた市場」ないし「緩衝としての市場」があってこそ「何でも買える」貨幣の購買機能が発揮されると同時に，商品の価格水準も安定性を保てる。すなわち，一般商品の場合，摩擦に加え，例えば販売が急がれるという事情のために「ある支配的な通常価格のもとにこの種の割引価格が下方に向って分散する」傾向があるものの，技術的にも費用的にも供給が安定して見込まれる限り，「ある程度までは…標準的な価格でやがて捌ける確率が高いのであり，あえて周りの割引商品に同調する必要はない」ため，価格水準はむしろ安定する（以上，小幡[1990]:14-15）。

労働市場の変成と常雇の発生　労働市場も「摩擦のある市場」である点は一般商品の市場と変わりがないものの，労働力商品の特殊性のために市場は「特異な構造をもつ労働市場に変成せざるを得ない」（同:23）。

「労働市場の変成」をもたらす労働力商品の特殊性とは，第1に労働力商品はその所有者が販売に際し各職種の要請に合わせるために一定の型づけ費用を要するということであり，第2に労働組織としての集団力を発揮するために労働者相互のコミュニケーションを維持するなど一定の組織化費用を要するということである[62]。

小幡のいう「型づけ」とは，職人的熟練，いわゆる万能的熟練を習得するための長い年月を掛けた徒弟訓練のことではない。資本主義経済の下ではいわゆる熟練の解体が進み，基本的には「だれがやってもそう大差がでるとは考え難い」技能が前提されているものの，労働力商品の所有者は買い手の要求に合うように労働力類型を塑造する必要がある。前章で取り扱った複雑労働にいう「特別の訓練」の必要性である。場合によっては求められる類型が変り（「型落ち」し），新しい類型に塑造し直す必要も生じる。そのために支出される一定の時間と費用が「型づけ」である。

労働市場で取引きされるのは，いうまでもなく労働力であり，それは…分析してゆけばだれがやってもそう大差がでるとは考え難い基本活動の束に帰着する。だがこの基本的な能力は，実際には一定の型をもった労働として発揮されなくてはならない（小幡 [1990]:21）。

労働市場における売り手たる労働者間の競争は，この種の型づけを含むかたちで展開されるようになる。この場合，型づけのためには，労働者の側の主体的な努力とともに，一定の物的消費をともなうこともあろう。…しかも，この型づけにはある期間を要し，また同時にいくつもの型づけをおこなうことはできないという点がこれに加わる。こうして，労働市場はこの種の型づけを取込むことで…摩擦の大きな市場とならざるを得ないのであり，労働力商品はいわば重い媒体を介して売買されざるを得ないことになるのである（同:21-22）。

この場合の型づけとは，商品である「労働力の内容を変化させるというより，同じ労働力を売るためのパッケージであり，販売費用に近い性格をもつ」（同 [2009]:172）。こうして型づけに一定の期間を要し，しかも同時に複数の型づけを行ない得ないということにより，「労働力はある労働主体のもとに特定の型を維持する傾向を帯びてくる」（同 [1990]:22）。

また，協業においては多数の労働者を組織し集団力を発揮・維持するためは相互にコミュニケーションを保って労働の目的を共有することが不可欠であり，関連して費用（「組織化コスト」）を支出している以上，資本家も常雇を容易に日雇い労働者には代えられない。

個別労働者の売るものが分散性をもった労働力であっても，それが集団力として発揮されるとすれば，この組織化のための負担は同じ労働力を使いつづけることの方が有利であるということが生じうる（同 [1997]:18）。

第1の契機（労働市場が常雇と産業予備軍に分離する2つの契機のうち―引用者）は，労働組織が労働市場に与える作用である。労働力は，個々の労働者が商品として別々に販売する。しかし，資本主義的な労働過程の基盤は協業にある。資本は多数の労働者を購買することで，集団力を手に入れる。これは個別分散的な労働者の寄せ集めでは乗りこえられない障壁をなす。労働力は資本のもとで組織化される必要がある。この労働組織は，外部からの支配・監督されるだけではなく，主体間のコミュニケーションを通じて維持される。日傭い型市場によって，労働主体を日々入れ替えることは，労働組織の形成・維持を困難にし負担が嵩（かさ）む。このため，同じ労働主体が持続的に雇用される傾向が生じるのである（同[2009]:172）。

この2面から労働市場は，日々雇い入れと失業が入れ替わる日傭い労働型の市場とは別に，産業雇用（常傭労働者，常雇）と失業が持続する産業予備軍とに分かれる，というのである[63]。

(2) その問題点

以上のような小幡による常雇・産業予備軍の分断と賃金格差の説明は，従来の原理論研究に欠如していた流通主体としての賃金労働者という視点に立脚しており，個別労働者における労働の違いを明らかにしうる構造になっているということをまず確認したい。その点を評価したうえでも，なお疑問として残る部分がある。

職種別市場の流動性　まず第1に，小幡のいう型づけコストは，特定の企業でしか通用しないという企業特殊性をまとっていない限り，その企業への定着，労働市場における流動性の低下を導くことはできない。職種別の技能・知識だとすれば，職種別労働市場の成立を意味するだろうが，その流動性に関しては単純労働の労働市場となんら変らない。

というのも，型づけコストは，小幡自身が「販売費用に近い」と述べているように，売り手である賃金労働者が負担する費用であり，企業特殊性は認められない。仮に企業特殊熟練であれば，費用回収が終わらないうちに解雇されるリスクを負う賃金労働者が一方的にコスト負担することはあり得ないからである[64]。したがって，型づけコストを負担した労働者がその回収に執着し「労働力はある労働主体のもとに特定の型を維持する傾向を帯びてくる」，つまり現職種に止まる傾向があるとは言えても，「常雇の状態を継続する」，すなわち現在の職場に止まるとは言えない。

例えば，資本家が求める労働類型には A,B,C…N といくつかの標準型があり，ある労働者が N タイプを選択し，それを身につけるための訓練費用ないし販売費用を負担したとしても，社会的には標準化しているNタイプを求める資本家は複数存在するであろうから，彼は賃金を比較して少しでも高い賃金を示した資本家の下に移動する。他方，資本家は労働者の型づけには1銭も投じていないのであるから，費用回収の必要がなく，解雇に躊躇することはない。こうして労資双方の事情から労働市場の流動化はむしろ進むはずである。

「組織化コスト」と流動性　第2に，組織化のための費用は，生産過程内で発生する費用であるから企業特殊性を多少とも帯びているのは確かであろうが，小幡の場合，専ら資本家が投じる費用とされており，労働者の離職を食い止められない。

なるほど協業では，多数の労働者の編成・指揮が必要であり，その過程では技能・知識が集積されるであろう。

しかし，そのような技能・知識はその協業編成，すなわちその企業にしか通用しないという企業特殊性があるため，解雇されれば費用回収できなくなる賃金労働者に全額費用負担は望めない。

他方，資本家としても，賃金労働者が離職してしまえば，費用回収できないのであるから，全額費用負担するわけにもゆかない。

仮に企業内の組織運営に関わる技能・知識の習得がその後の昇給とい

う形で賃金に反映するならば，賃金労働者も，習得中の出来高の減少，すなわち手取りの減少という形で，費用の一部を負担することはその利害に適うから，インセンティブになり得る。

　他方，資本家も，他の企業では通じない企業特殊熟練であれば，訓練後の賃金を熟練工の水準までは高める必要はないから，費用回収が可能となる。

　こうして，企業特殊熟練は労使双方が費用分担するからこそ，労使双方に費用回収の必要が生じ，そうでない，一般的熟練に比し，賃金労働者は離職に抑制的に，資本家は解雇に抑制的となる。

(3) 勤続昇給の可能性

　小幡の立論は，それを身に付ける労働者本人にしか費用負担しようがない一般的熟練である型づけによって常雇を説いたり，逆に企業特殊性を帯びた組織化コストを資本家だけに負担させながら常雇を説いたりと，熟練ないし費用の性格付けと負担者の設定との関連が不適切なために，常雇の導出には必ずしも成功していない。勤続の導出には，労資双方が利害を保つ，すなわち費用負担する企業特殊的技能・知識の設定が必要なのである。

　企業特殊熟練とは，具体的には，経験により蓄積する職場固有の情報・ノウハウである[65]。例えば，個体としての機械の作動，主に不具合やその修復に関する情報，組織内のチーム編成に関する情報，個別具体的な顧客との商談の進め方がそうである。それらは具体的な場面や相手を想定して初めて意味を持つ。その意味では普遍性を欠きマニュアル化しにくい。現に情報が蓄積される職場内において同僚に伝達するほかない。

　これら経験によって累積する技能・ノウハウは一旦流出すれば，外部から直ちには調達できず，再び一から積み上げるには長い時間を要するから，資本家からすればそれを身に着けた労働者を引き止め，勤続を促す必要がある。他企業では評価されない技能・ノウハウの修得コストを分担している労働者もその評価には関心を抱かざるをえない。

しかしながら，このような技能・ノウハウはその有無や程度を直接把握できない。そもそもこれらの技能・ノウハウは，経験によって少しずつ増進する一方，必ずしも常時発揮されるわけではないから，その時々の出来高・業績で評価するわけにはゆかない。むしろ勤続を代理変数として参考にしつつ，個々の労働者の，日常の勤務態度や潜在的能力を査定することによって技能蓄積の程度を計測するほかない[66]。欧米のホワイトカラー向け範囲職務給，熊沢のいう年功的職務給も日本の職能給も，職務ないし職能の等級毎に賃金額が決められているが，等級の下降，降級はないことを前提に，査定成績によって同一等級内における昇給幅や等級の上昇（昇級）の可否が判断されている。

　このように「積み上げ方式」の昇給によって勤続を促しつつ，査定によって昇給の大小や昇格の遅速を管理する方式こそ，個人毎の仕事ぶりの違いを処遇に反映する能力主義の基本的仕組みなのである。

むすびに代えて

　ここでは，価値を形成しない労働の具体例として能力主義が適用される労働を取り上げた。まず，従来の能力主義に関する見解は，能力主義賃金は，賃金の年功制に取って代わるものか，年功制を内に含むものか，両者の関係が曖昧であることを確認した。これに対し，ここでは能力主義の特徴を個人査定の適用と勤続昇給の傾向の2点に求めた。そのうえで，個人査定を要する労働とは，出来高給のように成果を外形的に測定しうる労働，いわば単純労働ないし類型化した熟練労働ではなく，その成果が生産高の増大等の形では表に出にくい間接労働あるいは裁量性が高く成果の現れ方が不確定的な労働であることを確認した。最後に，勤続昇給の可能性として，小幡バッファ論も検討しつつ，勤続の内に技能，知識が高まる企業特殊熟練であることを明らかにした。

　第1章で示した生産的労働概念と価値形成労働概念の峻別に対し，第2，3章では，価値を形成する生産的労働，端的には単純労働とは異な

る労働類型として，複雑労働を例に価値を形成しない生産的労働の特徴，その労働市場への作用を考察した。次は，定量性の有無で生産的労働と切り分けられた不生産的労働の考察に進みたい。家庭内の労働が価値を生まないのは当然だが，それは前章および本章で取り上げた複雑労働も同様である。家庭内の労働にはそれらと同じ生産的労働と定量性の乏しい不生産的労働が混在している。その特徴，意義の考察に移りたい。

【註】

36)「歴史的には，これら2方式（内部請負制，内部労働市場―引用者）は，少なくとも英・米・日の3国では（程度の相違はあるにせよ）共通に観察された管理方式だった。しかも前者から後者への転換は，ほぼ時を同じくして早いところでは19世紀末，遅いところでも戦間期までには観察された」（尾高[1988]:253)。従業員の企業定着化傾向についてアメリカはRoss[1958]を，日本は兵藤[1971]を参照のこと。

37）日本における能力主義的管理導入の経緯については笹島[2001b]を参照のこと。

38）「内部労働力市場は，…戦前のように資本家が一方的に解雇できた一般労働者までが，福祉国家体制下で，業種を問わず容易に解雇できなくなったことによって広く形成されたのである。／日本的経営（終身雇用，年功序列賃金・昇進制，企業別組合）は，不況時にも従業員の雇用は内部労働力市場を通して可能な限り守ろうとするところに特徴があった。…ようするに，労働同権化の下では指名解雇を強行して労資紛争となるより，内部労働力市場を拡大して労資協調を維持した方が経営上『合理的』であったのである」（石井[2007]:17-18)。ここでは日本的経営の特徴が労働同権化という体制的要請から直裁に導出されている。

39）例えば，牧野[1999]は1990年代半ば以降の賃金体系変化の背景として人件費の大幅な削減，競争誘発による労働者の分断および労働力流動化の3点を挙げている。しかし，これらはいずれも資本家側の一方的な意図にすぎない。

40）例えば，山口重克が「原理論の対象としての純粋資本主義社会は，その構成員が経済人的行動だけを行ない，その私的利益を追求することを通して私的に個々の生産と流通を遂行し，その意図せざる結果として社会的生産を

編成していると想定されている社会」であり，「すべての構成員が，他の行動原則を介在させないで，市場経済的な行動原則だけに従って行動することを通して社会的生産を編成しているという意味で，市場経済が一元的に，あるいは自立的に，社会的生産を編成していると考えられている社会である」(山口[1992]:37) と規定する際に，排除されるのは「経済人的行動を侵害し，不純化する様々な制約要因」，「例えば国家ないし法制，慣習，道徳，宗教，共同体」(山口[2001]:73) 等である。

41) 賃金形態とは賃金が支払われる単位・基準に着目した分類である。日本の賃金は，通常，本人給，職能給，業績給等，2，3の賃金形態を組み合わせた賃金体系を成しており，複数の賃金形態を合計して実際に支払われる賃金が算出される。欧米では職務給が一般的である。ブルーカラーの場合，職務等級毎に単一賃率なのでシングルレートと呼ばれる。査定を受け入れているホワイトカラーの場合，同一職務等級でも賃率に違いが生じるので「範囲職務給」(レンジシート) と呼ばれる。

42) アメリカについては成果配分賃金研究委員会編[1994]30頁，ドイツについては後掲註でも引用した久本・竹内[1998] を参照のこと。

43) 査定が拒否されているため，職務等級毎に支払われる職務給は単一賃率であり，同じ職務につく者の賃金は，年齢，性別にかかわりなく，また仕事ぶりの如何にかかわりなく同一である。したがって，労働者が賃金を上げるには，昇進(職務等級上の昇級)を果たすか，労働組合を通じて賃率の引き上げ，いわゆるベースアップを勝ち取るしかないことは石田[1990] が指摘しているとおりである。

44) 日米における三大評価要素間の比重の違いは遠藤[1999]82-89頁参照のこと。

45)「ホワイトカラーの多くの部分には，個人の仕事の成果をはかり難い人がいます」(熊沢・遠藤[2002]:11)。「アウトプットを個人の労働に還元して容易に測定できる仕事は限られていますから『こじつけ』をしないと，成果主義賃金が可能な仕事は多くないでしょう」(同:13頁)。例えば，富士通の成果主義人事における目標表管理制度の例は飯島[1999] および安田[2007] を参照のこと。

46) 熊沢が能力主義と認める象限1の賃金形態については，年功性に関する言及がない。前述の出来高給と，形式的には単に年額決定方式にすぎない年俸制をいま措くとすると，業績給も勤続年数に規定される面がある。というのも，業績給の上下限は職務遂行能力のランクである職能等級ないし職能資格に規定されており，その等級(資格)が勤続年数と密着に関係しているからである。一般に職能等級(資格)の上昇，昇級(格)は査定成績の他に現行等級(資格)への一定の滞在年数が求められる。査定成績が良くても昇格

間もない場合には昇格資格がないし，逆に査定成績は芳しくなくとも現行等級（資格）に一定年数以上滞在すれば昇級（格）させられる（自動昇級（格）制度）。したがって，勤続年数が長ければ上位の等級（資格）に進んでいるので，業績給の下限も高いことになる。

47）「年功制と能力主義は野合していた」（木下 [1999]:125）。

48）能力主義を何よりもまず競争システムとして捉える視点は熊沢 [1996] においては一層顕著である。すなわち，戦前に由来する「職工差別」が戦後民主化運動の中で廃止を求められた際，企業経営者は，平等の要求を結果ではなく「機会の平等」に押し止めるために，平等に処遇する従業員の範囲の限定（非正社員の制度的疎隔）と能力主義の導入・強化を以て臨んだ。能力主義の導入をこのように規定するとき，査定には一切言及されていない。むしろ査定に言及されるのは日本の特殊事情に絡んでのことである。日本の企業社会では，熟練の社会的定義が欠如しているために，企業に求められる能力は特定の技能ではなく，企業の要求にフレキシブルに対応する能力となる。そのような潜在的能力を測るには，情意に傾斜した査定が不可欠である。そのため，「フレキシビリティへの適応能力」は不断に「生活態度としての能力」という第2の能力に結びつく「惰力」を有する。つまり，査定は能力主義規定そのものではなく，日本企業が要求する二種類の能力，フレキシビリティへの適応力から生活態度としての能力を結ぶ二義的役割しか与えられていなかったのである。

49）熊沢の分類については既に遠藤公嗣が次のように疑問を呈している。（横軸の）「『個人査定あり』の意味は，労働者個人間で賃金額に差をつけること，にすぎないといってよい。これは，あまりに一般的で大雑把すぎる」（遠藤 [2005]:58-59）。このような分類ではどのような方法で労働者個人間に賃金に差をつけるかが明確でなく，そのため，範囲レート職務給と職能給の区別ができなくなった，また，象限1と象限4の「賃金差をつける方法」における相違も不明確にした，と。

50）ドイツの賃金は基本的に職務給であり，現業労働者（ブルーカラー）の7割以上は時間賃金が適用され，2割余りが能率賃金，いわゆる出来高給が適用されている。時間賃金には協約による賃金以外に，個人査定に基づく成績加給を支給する場合が多い（久本・竹内 [1998]:57-73）。笹島 [2001a] が引用している1994年のアメリカにおける調査では生産，技能業務の47％に査定の影響を受ける賃金「メリット・ペイ」が適用されている。

51）例えば，職務評価に立脚する職務給を絶対視している木下 [1999] は，情意評価ばかりでなく能力評価も，「仕事の難易度や責任の軽重ではなく，仕事をする人が保有するスキルの評価であり，スキルのレベルを判定する基準は，『…行動ができる』，『…指導の必要がない』，『…能力を発揮できる』となっており，誰々がという特定の個人を評価するものです」（同:109-110），ある

いは「『バンド』（等級）は職務の格付ではなく，人間の格付です」（同：109）と否定的にしか捉えられないでいる。

52)『労政時報』1997年1月12日号に掲載された「職能資格制度の問題点の有無とその内容」では，問題点の上位4つは「職能要件が抽象的で曖昧」57.2%,「個人の能力や業績を反映したメリハリのある賃金になっていない」52.2%,「年功的運用に陥っている」51.4%,「資格と担当職務にギャップがある」43.5% であった。

53) 富士通の新賃金体系は本給と職責給からなる。本給は職責等級毎の範囲給であり，毎年の昇給額は等級内の賃金区分上の位置と目標達成度によって決定される。職責給は目標達成度によって決定される職責等級毎の達成度区分によって決定される単一給である。つまり達成度区分が下位変更されても，職責等級は降級がない以上，本給は減少しないが，職責給は減給となる。安田 [2007] を参照のこと。

54) アメリカの成果主義については，成果配分賃金研究委員会編 [1994], 笹島 [2001a] を参照のこと。

55) 勤続給は，定期昇給に，査定成績が加味された毎年の定期昇給を累積させたものなので，第1象限に割り振った。また，成果主義賃金も，富士通の例では，洗え替え方式は達成度基準についてのみであり，本給を規定する職責等級は積み上げ方式であるから，勤続昇給を完全に否定しているわけではない。

56) 実際，出来高給の発展は，労働者の組織的怠業ないし出来高の抑制を回避しつつ，資本家の剰余価値を浸食しない範囲内で如何に効率よく労働力の支出，労働ないし出来高を産み出すかという観点から推し進められた。田島 [1981] 第3章第2節「近代的能率給」参照のこと。

57) そもそも当時は生産における人間の熟練に対する依存度が高かった上に，クラフト・ユニオンは徒弟制度を管理下に置いて熟練工の入職規制，すなわち供給管理を敷いていたために，資本家には査定を要求できる力はなかった。徳永 [1967] を参照のこと。

58) 富士通では成果主義導入後，チャレンジングな目標設定が影を潜めるようになった。「ある30代半ばのシステムエンジニアは『無理に高い目標を掲げて努力しても，未達となれば何の弁解の余地もなく，ダメ評価となる。保守的な目標設定にならざるを得ない』という。…富士通の人事評価は SA, A, B, C の順で4段階に分かれるが，昇進・昇給のためには A 以上の評価が必要。98年に同評価制度を導入したが，最高の SA の社員比率は 10% から 5% に減少した半面，A は 20% から 50% に急増，B は 50% から 40%，C は 20% から 5% にそれぞれ下がった」（日経産業新聞 2001年5月18日付）。

59) 1998年度に一般社員にまで成果主義人事制度を導入した富士通は早くも2002年度にはいくつかの修正を施した。その中にプロセスと潜在能力のひとつであるコンピテンシーの追加がある。コンピテンシーとは，好業績者の行動パターンから析出された「基礎的能力を土台にして，具体的な業務において，成果に結びつけることができる具体的に発揮されうる能力」（飯島[1999]:140）とされている。詳しくは安田[2007]を参照のこと。

60) 註37）参照。

61) 本書第2章，註32）参照。

62) 同，註34）参照。

63) 労働市場の特殊性から産業雇用（常雇）と産業予備軍の分断を説いている箇所として小幡[1990]:22，小幡[1997]:19がある。小幡[2009]になると，これらに加え，流動常なき日雇い労働型の市場が設定され，産業雇用に常雇，すなわち持続的雇用の地位が，また産業予備軍には持続的失業者の地位が与えられるに至った。「労働市場にはこれ（雇われるか否か日によって異なる日傭い労働型の市場—引用者）に還元できない二層化現象が観察される。すなわち，一度売れた労働力は繰り返し売れ，逆に一度売り損なうと，そこから脱却するチャンスをつかむのは容易でない。失業は持続するのである。こうして，労働力商品の売り手は，常傭（じょうよう）労働者と持続的失業者に分離する傾向を示す」（小幡[2009]:171-172）。

64) 仮に特定企業でしか通用しない技能，企業特殊熟練であれば，その修得費用をいつ解雇されるかもわからない賃金労働者が全額負担することは期待できない。Becker[1975]によれば，どの企業でも通用する一般的熟練はその訓練費用を労働者本人が負担するほかない代わりに，他企業より低い賃金で企業に引き留めることはできない。その企業でしか通用しない企業特殊熟練は，その企業では評価され，他企業より高い賃金をもたらす半面，他企業に移れば評価されない，あるいは費用を回収できなくなるので，労資とも全額負担することはありえず，労資双方の負担となると同時に，離職や解雇に抑制的な作用を及ぼす。

65)「完全なる特殊訓練とは，訓練生の他の企業における生産性には，何の影響も与えないような訓練」と定義するベッカーが挙げる例は「宇宙飛行士・戦闘機パイロット・ミサイル技術者」の技能である（Becker[1975]:訳28-29）。これに対し，職場経験によって培われる情報・ノウハウを挙げているのは小池の知的熟練論に近い。しかし，小池[1991]は，第2版から「幅広いOJTの生産性効果」と銘打った表2-4，表2-5を登場させているように，彼のいう知的熟練を業績との関連が確定的な労働と想定している。しかし，仮にそうであれば，前節第3項で述べたように直接業績で評価すれば済むはず

157

である。

66) 小池 [1991] が，彼のいう知的熟練の具体性をアピールするために，上司によって観測された各人の技能の広さと深さを示す，工場内に張り出された仕事表を掲載していることに対しては，野村 [2001] からその信憑性に疑問が提起されている。むしろ，件の企業特殊熟練はその程度を直接把握できないからこそ職務等級制度や職能等級制度という形で等級毎に支払っているのである。

第4章　消費における労働
——家庭に残る労働

はじめに

　今日では，かつて家庭で行われていた消費・生活領域の活動が公的サービスや私的サービスによって広く担われるようになったものの，家庭内にはなお一定の作業が残っていることも確かである。これらの活動もやがてその全てが公的ないし私的サービスに取って代わられるのであろうか。あるいはそもそも現在，家庭内に残っている活動は労働と位置付けられるのであろうか。

　われわれは第1章で消費領域における労働に2種類あることを指摘した。すなわち，消費領域には，目的に規定された生産的労働の他に，例えば「無体の生活資料（Km）」[67]生産労働の一部がそうであるが，家族のための介護のように，消費に密着し，それ自体が目的のように遂行される不生産的労働も存在する。前者は効率化が求められ，外部サービスに代替されうるのに対し，後者は消費主体と一体化して遂行され定量性も乏しい，と。但し，第1章全体としては生産的労働に専ら焦点を当てていた。そこで，本章では不生産的労働概念の規定とその適用を試みる。

　まず家事労働の価値形成性に関する論争に『資本論』解釈の立場から参入した中川スミの論稿を取り上げ，その援用する『資本論』の「労働力の価値分割論」——女性の社会進出が進めば，それまで成人男性の賃金に含まれていた婦人の扶養費が女性賃金に移され，賃金は個人単位となるとする考え——は，家庭内の労働がすべて定量性を持ち，外部化可能であるという想定を前提にしていること，言い換えると，家庭内の消費に伴う労働はすべて生産的労働であると想定していることを明らかに

し，生産的労働以外の労働を理論化することの重要性，「生産的労働概念の相対化」の必要性を明らかにする。次いで，生産的労働相対化の試みとして，賃労働と対置させるアプローチ（反労働，非労働）と生産に偏重した労働と対置させるアプローチ（生産・消費二極論）の２つを取り上げ，生産的労働の相対化には消費を生産と質的に区別する必要があることを明らかにする。最後に，消費過程の特徴を踏まえたうえで不生産的労働概念の規定を試みる。

1　家事労働の価値形成性をめぐって

(1)　フェミニズムからの批判と中川の回答

　フェミニズムの問題関心　戦後日本では磯野富士子による「毎日，家事や育児のために費やすこれだけの労力と心づかいが，何の価値をも生まずに，煙のごとく消えうせるその過程が，すっかり納得できなければ，主婦はあきらめきれない」(磯野 [1960]:8) という問題提起の下，1960 年代にいわゆる第２次主婦論争 [68] が繰り広げられた歴史がある。その過程では，家事労働は労働力商品を産み出しているという見解（磯野 [1960]，古賀良一 [1979]）も登場し，伊田広行 [1995]，櫛田豊 [2003b] 等，今日の研究者にも引き継がれている。さらに，家事労働は価値を生むのか，労働力商品の再生産に要する費用，労働として労働力商品の価値に算入されるのか否かが問題とされてきた。

　欧米でも，1970 年代にフェミニズムとマルキシズムが融合するなかで家事労働論争 [69] が繰り広げられた。そこでも，家事労働が労働であるか，労働であるとすれば価値を生むのか，価値を生まないとすればどのような労働か，の３点が主に議論されていた。

　しかし，90 年代初頭に国際フェミニスト経済学会が設立されると，その多様な出自（新古典学派，新・旧制度学派，ケインズ学派，ポスト・ケインズ学派，ラディカルズ，マルクス学派）の故に，従来の価値

論を淵源とする問題意識は背景に退き，ジェンダーに対して意識的ではなかった旧来の経済学への批判が強く意識されていた。例えば，足立眞理子[2010]によれば，ジェンダーの差別化に経済的基盤が存在するとみなしていること，ジェンダーによる差別化の問題を経済学の領域に持込み，経済内部の問題として扱うこと，この過程において既存の経済学が前提する問題を再び問い直し，経済学の根本的再考を促す，という3つがフェミニスト経済学の共有意識である。

他方，竹中恵美子[2001]によれば，1960年代後半に始まる現代フェミニズムの労働概念と分析方法に関する注目すべき問題提起として，労働概念の広義化，時間利用調査へのジェンダー視点の導入と無償労働の測定・評価・政策化，無償労働の独自性の発見（特にケア概念の再概念化），社会的市民権におけるジェンダー分析，労働力再生産構造のグローバル化の5点を指摘し，そのうちの第3の問題提起の例としてHimmelweit[1995]を挙げている。

竹中も指摘しているように，フェミニズム研究の大きな潮流の1つに家庭内の労働を時間計測する系譜がある。これは「1995年の北京世界女性会議の『行動綱領』では，UW（アンペイドワーク―引用者）のタイプ，程度，分布を完全に目に見える形で表すために，『中核的な国民経済計算とは別個ではあるが，それと調和したものとして作られる可能性のあるサテライト（補助的）勘定などの方法を開発すること…また無償労働の価値を数量的に測定するための定期的な時間調査を行うこと』(206頁)が提起された」（竹中[2001]:45）ことによる。日本でも，1997年旧経済企画庁が社会生活基本調査のデータをもとに家庭内の労働に市場の賃金をあてはめてその価格を計算し『無償労働の貨幣評価について』が公表された[70]。

フェミニズムのマルクス経済学批判　内外におけるフェミニズムの隆盛の中でマルクス経済学の基本視角のいくつかは家事労働の無償性や男女性別分業を前提にしている，としてフェミニストから強い批判を浴びた。

主な論点は次の２つである[71]。

● 家事労働は，労働力の再生産には必要不可欠であるにもかかわらず，マルクスはこれを女性（妻）が無償で担うことを所与の前提にしていた。

● 労働力の価値を「労働者家族の再生産費」とするマルクスの規定は，性別賃金格差の背後にある「成人男性の賃金は妻子（家族）を扶養するに足るものでなければならない」とする「家族賃金」思想を表わしている。

例えば，後者に関しては，バレット＆マッキントッシュは，性別格差賃金が資本主義の初期から認められたことは「賃金が決して歴史的には家族賃金としては規定されなかったことを意味して」おり，「女性と子どもの雇用が必然的に労働力の価値を低下させると論ずるのは不適切である」と指摘した（Barrett & McIntosh[1980]:63-66）。このような批判を受けて，わが国でも，高島道枝が1992年春の社会政策学会で「成人男子の賃金は19世紀，20世紀初期には決して事実において家族賃金ではない。その意味でマルクスの『労働力の価値』概念は，…明らかに『家族賃金』を土台にしており，労働者賃金の当時の実態に基づかず，ビクトリア時代の中産階級の家父長的家族を理想とした熟練工に革命の担い手を託したイデオロギー的性格をもつものだ，との批判がある」（高島[1993]:66）との問題提起を行なっている。

中川スミの反批判—家事の価値形成性について　これらに対して中川は『資本論』の叙述を踏まえつつ以下のように答える。

第１の，家事労働の価値形成性については，三段に亘って反論している。

まず家事労働が価値を形成するという見解[72]に対しては二面から反論する。１つは労働の社会性。マルクスも「すべての労働は…この同等

な人間労働または抽象的人間労働という属性においてそれは商品価値を形成する」(K.I,S.61) と述べているが，その主題は「商品で表示される労働」であり，価値を生む労働が（商品）社会的な労働として価値対象性を有することが前提にされている。家事労働も資本の下の賃労働もともに私的労働であるものの，後者が「生産物の交換をつうじて社会的労働の一分肢であることを証明するような労働」であるのに対して，生産物が家族の成員によって直接的に消費される前者は「その私事性の度合においてより深」い。もう1つは価値の商品社会性。家事労働はその生産物が市場で売られているわけではなく「市場での交換をつうじて商品が受けとる抽象的人間労働の，この『社会的実体の結晶』としての価値の規定を受けとることはない」。いずれにしても「家事労働は価値を生まない」(中川 [1987]:39-41)。

次いで，労働力の再生産に不可欠な家事労働は労働力を生産しているという見解[73]に対しては，『資本論』には労働力の価値は「それに対象化された社会的平均労働の一定分量を表わす」(K.I,S.184-185) など，あたかも労働力が生産されるかのような表現もみられるが，直ちに労働力は「生きた個人の素質としてのみ実存」し「労働力の生産とは，この個人自身の再生産または維持のこと」(a.a.O.) だと補っており，「家事労働であれ何であれ，労働が労働力を直接生産することはできない」(中川 [1999]:19-20)。

さらに，家事労働は労働力の価値を規定する生活資料の消費に不可欠であるから，労働力の価値に算入されるという見解[74]に対しては，『資本論』を引用し労働力の価値を規定する必要生活手段の範囲は「歴史的かつ社会慣行的な一要素」(K.I,S.185) に規定され変容しうることを認めながら（中川 [1987]:75 註 34），「家事労働は…労働力の価値の大きさには入らない」(同 :54) と断定している。

中川も，例えば私的資本によるクリーニング，食堂，家事代行業や公的機関による保育・老人介護サービス等の家事サービスが普及した今日では，それに掛かる費用が労働力の価値に算入されることを認めている（同 :75 註 34）。にもかかわらず，家事労働の労働力の価値への算入は

認めない。私的ないし公的サービスは「私的資本に担われて社会的分業の一環になるか，または公的機関に担われて直接に社会的労働の一部として編成されることによって，労働力の再生産に社会的に必要な労働として位置づけられたから」労働力の価値に算入されるのであって，「同じ労働が個々の家庭のなかで家族員によって担われる場合は労働力の価値規定に入らないのはいうまでもない」（同上，他に中川 [1999]:23），と。

中川スミの反批判―家族賃金思想について　第2の，家族賃金思想との関連では，『資本論』第1部第2篇第4章「貨幣の資本への転化」における労働力の価値規定と第4篇第13章「機械と大工業」の規定との位相の違いを強調している。

> 労働力の所有者は死を免れない。…消耗と死とによって市場から引きあげられる労働力は，どんなに少なくとも同じ数の新たな労働力によって絶えず補充されなければならない。だから，労働力の生産に必要な生活手段の総額は，補充人員すなわち労働者の子供の生活手段を含んでいる（K.I,S.185-186）。

> 労働力の価値は，個々の成年労働者の生活維持に必要な労働時間によって規定されていただけではなく，労働者家族の生活維持に必要な労働時間によっても規定されていた。機械は，労働者家族の全員を労働市場に投ずることによって，成年男子の労働力の価値を彼の全家族のあいだに分割する（K.I,S.417）。

すなわち，前者は剰余価値解明のため理論的前提として労働者の階級的再生産には本人および子どもたちの再生産が必要であることを抽象的に述べたにすぎず，子どもの扶養費からさらに広げて「労働者家族の生活費」と括るのは「読み込みすぎだ」（中川 [1999]:29。他方，労働力の再生産のより具体的なあり方を扱った後者では，労働力の価値が労働者家族の再生産費によって規定されていることを論じた後，マニュファ

クチュア段階では成人男子労働者によって担われていた家族の再生産費が機械経営の下では女性や児童の就労により労働者家族の全成員によって担われるようになると,「労働力の価値分割」を展開している。しかし,それは「労働力の価値が労働力の再生産の歴史的・社会的条件によって決まると考え」(同上),当時の状況を述べたに過ぎず,「男性だけが雇用関係を担って家族再生産費を稼ぐことをけっしてあるべき理想・規範と考えたわけではない」(中川 [1994]:110)[75],と。

むしろ中川は価値分割論に依拠して,女性の就労が進み,自ら働けない未成年と老人の生活が公的に負担されるようになれば,賃金は個人単位となり「理論的には性別賃金格差の根拠がなくなる」(中川 [1999]:31)と同時に,「経済単位としての個別家族」は止揚される,との見通しを示している(他にも中川 [1994]:114, 同 [1996]:13)。

(2) 伏在する問題

マルクス経済学に対するフェミニストからの批判に対する,中川の対応は,『資本論』の叙述に忠実であり,その結論もオーソドックスなものと言えよう。

第1に,労働力は誰によっても生産できないことはマルクスが強調していたことであり,家事労働が労働力を含めいかなる商品も生産しない以上,商品の属性である価値を形成しないのは当然である[76]。

第2に,第13章の労働力の価値分割論は,当時の状況を反映したに過ぎず,男性労働者の賃金が婦人の扶養費を含むべきだという規範を意味するのではないとの解釈も穏当であろう。

しかし,仔細に観ると,中川が反論のために繰り出した論点のなかには,家事労働を考察する際には決して看過できない問題が伏在している。

家事労働の価値形成性と労働力商品価値への参入問題　第1の,家事労働の価値形成性に関して,中川は家事労働が価値を形成しない論拠

を，それが「生産物の交換を通じて社会的労働の一分肢であることを証明するような労働ではな」い点に求め，家事労働が労働力の価値には算入されない論拠も，それが「私的資本に担われて社会的分業の一環になるか，または公的機関に担われて直接に社会的労働の一部として編成されることによって，労働力の再生産に社会的に必要な労働として位置づけられ」ることがない点に求めているように，同じ「社会性」という視点から両者を扱っている。

しかし，家事労働の価値形成の社会性と労働力という商品の価値形成の社会性とはその意味が全く異なる。

まず家事労働の価値形成性について，中川は前述のように「労働の社会性」と「価値の商品社会性」の2つを挙げている。仮に家事労働の価値形成を否定するだけであれば，後者，すなわち家事労働は商品を生産しないから価値も形成しないとだけ指摘すれば良かった。しかし，中川が後に弁明しているように[77]，家事労働の無償性の根拠を賃労働と同じその私的性格に求める見解を牽制するために，賃労働との社会性の度合いの違いを示そうとした。

商品ではなく労働から出発して価値を形成しないことを主張しようとしたために，価値形成基準を示さざるをえなくなった。しかし，「生産物の交換を通じて社会的労働の一分肢であることを証明するような労働」というだけでは価値形成労働たることを保障しない。第1章でも指摘したように，ある生産物の生産に必要な生産的労働は直接に使用価値の変容に係わる労働に限らない。例えば綿糸を生産するための労働には「生産物素材に直接使用価値的変化を与える形でのつながりを有することなく，しかも綿糸を生産していく生産系列には不可欠に組み込まれている労働」（菅原[1980]:24），具体的には運輸労働，保管労働や生産過程間を調整する労働も含まれる。これらもある生産物の生産に要する労働という意味では生産的労働であり，一定の社会のなかではある程度の量的安定性を保ち，第1章3（2）で紹介した山口のいう「基準編成」に含まれるであろうが，その一部，特に調整労働はその投下量は技術的確定性が乏しく，たとえ同じ商品種を生産する資本の間でもまちまちで

あるから，商品の価値を構成するとは言えない[78]。

　他方，私的ないし公的な家事サービスが労働力の価値形成に算入されるという場合の「家事労働の社会化」とは，家事労働の外部化による費用化のことであり，その要件は定量性にある。あるサービスに要する労働時間が何時間で，費用がいくらか標準化され，社会的に普及していれば良く，投下された労働が価値形成的か否かは関係ない。クリーニングや家事代行等が労働力の価値に算入されるのは，その労働が価値を形成するからではなく，社会的に標準化された作業になっている限りのことである。他方，「個々の家庭の中で家族員によって担われる場合は労働力の価値規定に入らない」のも家事労働が価値を形成しないからではなく，家庭内で行われる限り，作業量が標準化されにくいからである。

　つまり，中川は家事労働の価値形成性の論拠を問うべきところで，生産的労働としての社会性を問い，家事労働が労働力の価値に算入されない理由として非定量性を示すべきところで，家庭内に止まっているからと同義反復で済ませている。

外部化せず家庭に残る労働の存在　第2の，家族賃金思想批判において，中川が性別賃金格差の理論的根拠消滅と「経済単位としての個別家族」止揚[79]の前提として挙げている，女性の就労と社会保障制度の進展による賃金の個人単位化という想定は，中川が家庭内の経済的負担は全て外部化されるという認識に立っていることを表わしている。

　というのも，賃金が個人単位となるためには，現在専ら男性の賃金に上乗せされている婦人の扶養費や働けない子どもや高齢者の扶養費が，前者は女性の賃金に分割され，後者は社会保障費に分担されるだけでは不十分であり，現在家庭内で専ら女性が負担している労働も外部化され，その費用が男女それぞれの賃金に算入されるなり，直接に公的に負担されるなりしなければならないからである。家庭における労働の外部化可能性,定量性は生産的労働を巡る大きな論点なので項を改めて検討する。

(3) 生産的労働の価値形成労働との混同

　中川が，家事労働の価値形成に係わって価値形成と労働力価値への費用算入を同一視し，労働力の価値分割論に係わって外部化されずに家庭に残る経済的負担を見落としていることは，同じ一つの問題の現れであるように思われる。

　すなわち，中川の場合，家事労働の価値形成と家事労働の労働力価値への算入の双方に対し同じ労働の社会性，ある生産物の生産に必要な生産的労働の基準編成に含まれるか否かで答えていたのは，労働の定量性（生産的労働）と量的技術的確定性（価値形成労働）が明確には区別されていなかったからであろう。

　そして，生産的労働が価値形成労働と区別されていないということは，生産的労働の外部にある不生産的労働が単なる価値非形成労働としてしか捉えられていないということでもある。

　第1章でみたように，戦後の国民所得論争では，生産的労働を『資本論』の本源的規定に依拠して物質的財貨生産労働に求める見解も，同じ『資本論』の形態規定に依拠して剰余価値生産労働に求める見解も生産的労働を価値形成労働の表象として捉えていた。そのため家庭に残る消費における「無体の生活資料（Km）」生産労働は，本源的規定説の立場からは物質的財貨生産労働ではなく価値を形成しなという点で関心から外れ，形態規定説の立場からは資本と交換される（生産過程に投じられて剰余価値を齎す）生産的労働でも収入と交換される（資本家の生活に投じられ，私的に奉仕する）不生産的労働でもないから，労働ならざる活動としてしか捉えられなかった。

　中川も生産的労働を価値形成労働と混同しているために，生産的労働の外部に価値非形成労働一般ではない非定量的労働が存在し，家庭内に止まざるをえないことを見逃したのであろう。確かに家庭内の労働は商品を生産しないから価値非形成労働である。しかし，価値非形成という点では，ある生産物の生産に必要な労働の一部という意味で生産的労働

でありながら，単純労働ではない調整労働等も同じである。むしろ家庭内に残る労働の特徴は，少なくともその一部が定量性の見込めない不生産的労働であるということにこそある。

　生産的労働と価値形成労働，この２つが区別されて初めて「価値非形成労働一般とは区別される非定量的労働」が捕捉可能となる。言い換えれば，非定量的労働の捕捉には生産的労働単一モデルの相対化が前提条件として求められるのである。

2　生産的労働単一モデル相対化の試み

　これまでも生産的労働単一モデルの相対化の試みがなされなかったわけではない。大まかに言えば，２つのアプローチで相対化が試みられてきた。

　１つは資本の支配下にある賃労働の克服という視点から新たな労働概念を設定するアプローチであり，もう１つは生産に偏った労働概念の克服という視点から新たな労働を展望するアプローチである。

(1) 賃労働単一モデルの相対化

　阿部照男の「家庭内生産」論　阿部照男 [1987] は，生産的労働を資本の下の賃労働と捉え，不生産的労働を資本に雇用されていない労働，具体的には家庭内の自給的労働に求めた。

　マルクスの剰余価値論を初期マルクスの「疎外された労働」の発展・完成形態と捉えている阿部にとって[80]，マルクスにおいて比較的初期，1857-58年ノート（『経済学批判要綱』）の「雑録」段階から登場した生産的労働の形態規定は，そのまま初期マルクスの「疎外された労働」と同義であると同時に[81]，『資本論』に至るまで変わることなく維持された一貫した概念であることになる。そのため，阿部が生産的労働と記せば，それは形態規定の意味であり，普遍的な意味の生産的労働につい

てのみ「生産的労働の本源的規定」と表記している。

このように，生産的労働概念がその形態規定と一体化している阿部にとって，不生産的労働の内容が剰余価値の形成に携わらない労働に求められたのは当然であろう。

> かつて中世的生産様式・生存様式においては，「生業と家事労働とは，空間的にも経済的にも一体をなして」おり，言わば「光」と「影」は分離することなく一体化していた。しかし近代資本主義生産様式にともなう「生産」と「消費」の分離の進展とともに，ピューリタニズムに代表されるような「家庭的幸福という観念」，「市民的な家庭のイデオロギー」，「受身的で温和で友好的な妻，主婦，そして母の理想像」が普及するにつれて，家庭から「労働のカテゴリー」が「消滅していった。」そして「家事労働は，それ以降，愛の現象形式として，家の外での収入をもたらす男性の労働と対比させて定義されるようになった[82]」／しかし「家庭」から一切の生産が無くなったのかと言えば，そんなことはないのであって，「家庭」から出ていったのは「営業」としての生産つまり商品生産だけである。「家事労働」を含むさまざまな自給自足生産——私はこれを「家庭内生産」と呼ぶ——が依然として「家庭」の内で行われている。この「家庭内生産」の重要性は，例えば「家事労働なしに賃労働が存在することはない[83]」というようにとらえられている。これはより一般化して表現すれば，〈不生産的労働なしに生産的労働が存在することはない〉ということである（阿部[1987]:204-205)。

阿部によれば，「生産」は本来「消費」のための生産であり，両者は分離していなかった。しかし，資本主義的生産様式では，生産とは他者に売る商品の生産であり，消費とは分離している。資本主義的生産様式のなかでもこの「ディコトミー」（二分法）を免れているのが，「家事労働」を含むさまざまな自給自足的労働，「家庭内生産」「家庭内労働」であり，阿部はこれに「不生産的労働」ないし「非労働」概念[84]を当て，

生産的労働の克服の展望を託している[85]。

ヒメルワイトの「ケアリング＝非労働」論 これに対し，家庭に残る労働に限定して，新古典派的な労働概念にそぐわない側面に「非労働」概念を当てて宣揚しようとしたのが，マルクス経済学の流れを汲むフェミニスト経済学の第一人者であるヒメルワイト[86]である。

女性の就労が進むと，女性がかつては家庭内で用意されたものの代替品を購入する金を稼ぐようになり，賃金労働と家事労働とが比較されるようになった[87]。すると，家庭内の作業も経済学上の労働概念のメルクマールである機会費用の発生，社会的分業の一環，第三者代替可能性の３点に照らして，労働として認定されるようになった（「無償労働の発見」）。しかし，その反面「あるものが失われた」。すなわち「多くの家庭内の活動の個人的で，関係的な側面に価値を認めるという能力である」(Himmelweit[1995]:2, 久場訳:117)。例えば，外部化されたケア労働は上の３条件を満たすので「労働」であるのに対し，家庭内に残る「"ケアリング"とは，世話する人と世話をされる人との間の関係において，ある程度まで独立的な身体的な世話から，世話をする人がその世話の中身と分離できないような情緒的な世話まで広がる曖昧な概念」(ibid.6:, 同:124) であり，第三者代替性を欠くため「非労働」とされる。

ヒメルワイトは，女性の社会的進出に伴う家庭内の活動への労働概念の適用自体が，第三者代替不能な家族へのケアを「非労働」に位置付け，軽視することになったとして，労働・非労働二元論の克服を訴えている。

このように，消費領域あるいは家庭内の消費過程にも資本が進出し，消費における労働が賃労働によって多くに担われている状況のなかで，資本の下の賃労働には置き換えられない消費に伴う労働を「不生産的労働」ないし「非労働」として宣揚しようというのである。

（2）生産偏重の相対化

「労働そのもの」と生産的労働の切断面 小幡道昭は，90年代半ばの論文，小幡 [1995] で，増大しつつある「市場活動やそれに随伴する領域（商業・金融あるいは運輸・通信）やこれまで市場とは異なる原理に依存してきた人間の心身に直接関連する領域での人間活動（教育・医療や育児・介護など）」の解明を「労働概念の拡張」，すなわち生産的労働に対する「労働そのもの」の設定によって果たそうとした。

従来，端的には第1章で紹介した『資本論』の生産的労働規定「労働そのものは生産的労働として現われる」のように，「労働と生産とを直接に結びつけ表裏の関係」に置かれてきたとの反省から，「労働そのもの」と生産的労働との間に切断面を設定したのである[88]。これまで市場原理には委ねられなかった教育・医療や育児・介護などに人間の活動が広がる傾向を脱労働化と捉える流れに対し，労働を一旦生産と切断し，生産ならざる労働の可能性を検討した方が「変容しつつある人間活動を包括的に理解する捷径である」（小幡 [1995]:2）という判断がそこにはある。

まず，生産および消費が，労働とは絡めずに，過程の結果を基準にして規定される。たとえば，小麦10トンが最終的に小麦20トンに増大している過程をとれば，小麦が少なくとも再生産を継続できる状態にあるから，それに対しては小麦の「生産過程」という規定が与えられる。他方，小麦10トンが小麦5トンに減少するような過程であれば，それは粗産出物をもたらしてはいてもマイナスの純生産物をともなっているため小麦の「消費過程」と規定される（同:6）。

他方で，「労働そのもの」は，その特質である「合目的性」を確保するために，目的の構想から過程間の伝達，調整が必要とされ，コミュニケーションや教育等を必然的に内包することになる（同:9-10）。

そして正にこのコミュニケーション特性を含むが故に，「労働そのもの」は「それ全体がその活動の量と成果とを定量的に関連づけること

が難しい」(同:10-11) と，生産的労働との違いが強調され，生産力の発展する前線において非定量的な「労働そのもの」のなかから定量的部分が生産的労働として発生する，という独自の労働観が披瀝される(同:11)。

さらに，「消費における労働」を「負の労働[89]」として一旦規定してみせたうえで，このような捉え方は「労働そのもの」がもつ生産的労働に収まらない側面，「自己の労働を通じてはじめて自己の欲求を充足するという局面」を無視している，と批判する[90]。

このように，小幡は「小麦の生産と消費をめぐって展開される人間の活動をすべて生産的労働の次元に還元」することに疑問を呈し，定量的な「負の『生産的労働』」(同:16)からこぼれ落ちる部分を「労働そのもの」概念で捕捉しようとしていたのである。

非労働概念による生産的労働の相対化　小幡は後にこの「労働そのもの」と生産的労働という2区分を放棄し[91]，代わりに労働・非労働の2区分を導入しているけれども，過程概念としての生産・消費概念は維持している[92]。

すなわち，労働を「人間に特有な目的意識的な活動」として押さえたうえで，その対極に「休息や遊びのような…不定型な活動」として「非労働」を規定し[93]，労働・非労働区分と生産・消費区分によって人間活動を区分する4象限図を示している。

資本の進出はこれ(第Ⅰ象限「労働による生産」—引用者)だけではない。…左方向に広がる消費の世界(第Ⅳ象限「労働による消費」，第Ⅲ象限「非労働による消費」—同)にも独自の拡張がみられる。…資本は非労働をそのまま自己の運動のなかに取り込むことはできない。資本にできるのは，人間の活動一般のなかから目的意識的な労働を分離して取り込むことである。…資本は消費の世界においても，合目的的活動の分離を加速させ，これまで非労働の世界で営まれてきた，育児・保育，医療・介護，教育・研究，社交・娯楽などの領域を分解

しながら，そこに深く浸透している（小幡 [2009]:105）。

「労働による生産」（第Ⅰ象限）を基盤にする資本が，活動の目的意識化＝労働化を媒介に進出してゆく活動領域として，第Ⅱ象限「非労働による生産」，第Ⅲ象限「非労働による消費」，第Ⅳ象限「労働による消費」の３つが設定されたのである。

図４.１：小幡の四象限図（小幡 [2009]:104）

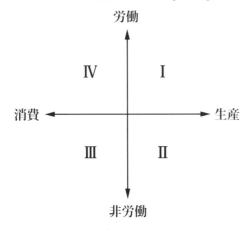

(3) 生産的労働相対化の陥穽

しかしながら，従来試みられた生産的労働相対化の試みは，上に挙げた賃労働の相対化も生産偏重の相対化も，決して成功しているとは言えない。

賃労働相対化アプローチの問題点　まず，賃労働相対化アプローチは，阿部の「不生産的労働」「家庭内生産」概念もヒメルワイトの「非労働」概念もともに家庭に残る消費に係わる労働の理念型と位置づけられると同時に，資本の下の賃労働に対する批判基準の役割も負わされているた

めに，現実の消費に係わる労働の分析に踏み込めないでいる。

例えば，阿部が「家庭内生産」の例として挙げている「夫が２週間に１度行う芝苅り，春と秋の生垣の苅込み…等々」は，確かに賃労働ではないとは言え，その生産手段である芝刈り機も，ペンキも刷毛も，散髪バサミ…が市場で商品として購入されている以上，理念型である自給自足システムとしての労働ではない。

そもそも，それらの労働が家庭に残っているのは必ずしも賃労働ないし外部サービスを否定しているからではない。賃労働で生産された有体の生活資料（Km）や無体の生活資料（Km），すなわち外部サービスを一方で受け容れながら，消費主体である家人の欲求に合せてそれらの生活資料を加工ないし調整するために追加的に自らの労働を投下しているのである。

阿部は，家内労働に理想としての自給自足システムを重ね合わせているために，外部サービスが充実した今日においても，家庭内に消費に伴う労働が残っている意味を掬い取れないでいる。

ヒメルワイトの「非労働」概念も，それによって家庭内に残る労働に切り込んで分析しようとしているのか，それとも非労働の宣揚によって労働・非労働の二分法を克服しようとしているのか，ハッキリしない。

一方で，いくら非労働を宣揚しようとも，現在の労働が全て第三者代替不能な非労働になるわけではない。消費のあり方も働き方も高度に発達した今日において完全な自給自足を展望するのは困難であろう。無理に自給自足を追求すれば，相対的に低賃金である女性の社会進出が阻害されることにもなりかねない。

他方，消費・生活領域への商業サービスが発展しようとも，家庭内の労働がすべて賃労働に置き換わるわけではない。そもそもヒメルワイトが非労働の例として挙げるケアリングや自己実現活動のうち，すくなくとも前者は自分の子供や親との関係から外部サービスに委譲されなかったケースであり，機能上「第三者代替可能性」を欠いているわけではない。つまり，機能的には第三者代替可能であるにもかかわらず，当人との関係で家族が担い手を務めているのである。

家庭内の，消費に係わる作業は，外部サービスが発達した今日でも残っているのであり，それら外部の「労働」に代替したり，そのための費用を援助したりすれば済む，という問題ではない[94]。問題は「非労働」という位置づけではなく，家庭内に残っているという理由で，女性の仕事とされたり，無報酬が当然とされたりしていることである。とすれば，重要なことは，「労働」「非労働」というレッテルではなく，一定の作業が家庭内に残る根拠を明らかにすることであろう。

　量的消費規定アプローチの問題点　従来の生産に偏重した労働概念に対し生産と労働の間にくさびを打ち込もうとした小幡の試みは逆に消費に係わる労働に焦点があることが曖昧になっている。

　例えば，「労働そのもの」は労働の原初的規定であるため，「消費における労働」に限定されない。コミュニケーションを伴うという理由で生産的労働から排除された目標を構想したり，過程間を調整したりする労働はもちろんのこと，典型的な生産的労働と考えられる単純労働であっても，人間労働である以上，「労働そのもの」の特徴，「自己の労働を通じてはじめて自己の欲求を充足するという局面」を必ず有していることになる。

　他方，労働の特徴である目的意識性を否定した「非労働」概念では，遊び以外のどのような人間活動に適用可能なのか明かではない。四象限図であるから「非労働による生産」（第Ⅱ象限）も設定されている。しかしながら，「非労働による生産」，すなわち目的意識性を欠いた生産は想像しにくい。小幡自身も「『非労働の結果が生産である』という強い因果関係を考えるのはさすがに無理」（小幡[2009]:312）と認め，「第Ⅱ象限を，『労働がおこなわれなくても生産でありうる世界』だと解釈するならば」（同上）と条件を緩めたうえで完全オートメーションを例として挙げている。しかし，無労働というべき完全オートメーションは非労働の例示としては不適切であろう[95]。また，第Ⅲ象限「非労働による消費」については説明も例示もされていない。

　4つの象限のうち，非労働に係わる第Ⅱ象限，第Ⅲ象限で具体的な活

動が明示されないのは，労働と非労働の区分を目的意識性の有無に求めたことが原因であろう。目的意識性のない活動には定量性ばかりか定性性も期待できないからである。演習の解答欄で「家事労働や商業労働の多くは，第Ⅳ象限（「労働による消費」—引用者）に属する」（同 :312）と答えているのは「非労働による消費」が居場所を失っていることの証左である。

　生産・消費区分　小幡が生産に偏重した労働概念を相対化しようとして導入した「労働そのもの」概念も「非労働」概念も所期の目標を果たせていない根本原因はその生産・消費規定にある。
　すなわち，消費および生産概念は，過程の量的結果に着目した規定に過ぎず，質的に区別できない。
　ある活動は，過程の量的結果としてのポジション（正負）次第で生産とも消費とも規定されうるのであるから，「生産と消費とを等位におき，さまざまな生産物が生産され消費される過程をひとつながりの切れ目のない過程として扱うことには与しえない」と宣言しようとも，量的に連続した生産と消費の間に質的な切れ目，断層を見出すことは概念の枠組みとして端から排除されているのである。
　つまり，小幡の立論は，生産と消費を質的に区別しないまま，生産的労働に対する「労働そのもの」概念の宣揚，労働に対する非労働概念の規定と，労働概念だけの再検討に終始している。生産に偏重した労働概念の再検討が課題であれば，生産と区別された消費過程の特質の検討から始め，消費における労働の特質への進むべきであったのではないだろうか。

　以上取り上げた，生産的労働の相対化を試みる 2 種のアプローチは，いずれも家庭に残る消費に伴う労働を念頭に置きながら，分析ツールとしては消費に伴う労働に焦点を絞りきれていなかった。賃労働克服の理念型に傾いていたり，生産偏重を牽制するあまり，生産も消費も共に形式的な規定に止まっていたりしたからである。家庭内に残る消費に伴う

労働に焦点を当てるには，生産過程とは異なる消費過程の質的特徴を明らかにすることから始める必要がある。

3 消費における労働の特徴

以上の検討により，家庭に残る労働の考察にはまず消費に伴う労働の特質を明らかにする必要がある。そのうえで，生産的労働と対置させる必要があるであろう。

(1) 消費過程の特徴

合目的性・手段性 消費の，生産と対置した特徴は，過程の量的結果がマイナスである点にあるわけではない。小幡 [1990] が指摘するように，モノの消費の過程で，廃棄物等，意図せざる副産物を産み出すことがある。

つまり，過程の量的結果だけをとってみれば，消費と生産とは見分けにくい。

しかし，過程に臨む当人の目的意識の向きをみれば，違いはハッキリする。

すなわち，生産は，労働過程を生産物の視点から捉え返した『資本論』の生産的労働規定に明らかなように，目的志向の過程であり，生産的労働はその目的に規定された手段的行為であり，効率的投入が課題とされる。

これに対して，消費はそれ自体が目的とされる主体的・目的的行為であり，消費に伴う労働は手段化されておらず，効率性は後回しにされる。

例えば，治療やダイエットのため，カロリー計算された食事を口にする場合を除いて，食事は栄養ないし生存が目的でその手段として食物を無理矢理口にしているわけではない。食事することそれ自体が目的であり，時間が許す限り，味わいながら，会話を楽しみながら，食事をする

のが普通である。

追加的な労働　したがって，消費過程で投入される労働も，消費主体の目的に沿うことが目的となる。

例えば，消費過程では，市場から購入した有体・無体の生活資料（Km），調理された食事や仕立てられた既製服をそのまま食したり，着用したりすることも可能であるにもかかわらず，さらにそれらを加工・調整するために追加的な労働が投入されることがある。

これらの加工・調整を消費主体自身が行なう場合には，社会的な活動としての労働とみなすのは難しいが，第三者に委ねる場合は当然として，家人に委ねる場合には労働との位置づけが可能となる。

(2) 消費における労働の種類

「有体の生活資料（Km）」生産労働　「消費における労働」とは消費対象である生活資料 Km を，いわば追加的に加工・生産する労働である。

生活資料 Km は一般に衣食住に係わるもの，最終消費財であり，生活過程で消費されるものであるが，その消費自体にさらに追加的な労働が必要とされることがある。

すなわち，市場で購入した食料をそのまま頬張ったり，購入した衣服をそのまま着たりするばかりでなく，さらに調理したり，仕立て直したりすることがある。

このような消費における労働には「有体の生活資料（Km）」生産労働と「無体の生活資料（Km）」生産労働がある。

まず，「有体の生活資料（Km）」生産労働の場合，息子のための犬小屋製作の例のように，消費との分業関係が外形的にも明白である。目的である生産物に規定された労働は，たとえ外部化されていてもいなくても，手段として追及されやすく効率化が働くため，生産物との量的関係は安定している。つまり生産的労働の側面が強い。

「無体の生活資料（Km）」生産労働　これに対して，家庭内で行なわれる「無体の生活資料（Km）」の生産には明らかな特長がある。

まず「無体の生活資料（Km）」のすべてが家庭内で生産されるわけではない。

例えば，ソフトウェア・コンテンツやクリーニング，あるいは電気・電波は，私的か公的かは別にして資本によって，つまり家庭外で生産されるのが普通である。また，医療・介護など対人サービスは，家庭内で家人によって行なわれることもあるが，今日では病院や施設等，家庭外で専門家によって生産されることが多い。

このように「無体の生活資料（Km）」生産労働が家庭外で，家人以外によって行なわれる場合には，手段化しやすく，効率性原則が働き，定量性を得やすい。資本としては要員計画という点からも定量性が不可欠であろう。すなわち，生産的労働である。

しかし，後者の対人サービスが家人によって家庭内で家人によって生産される場合には，目的に対する手段的行為として分離しがたい面がある。もちろん，家人が行なえば，その全てが非手段的行為となるわけではない。経済的理由から家人が担っているだけで，内容的には外部化した場合と同様，手っ取り早く済ませられることもある。効率が追求され，定量性が生じるので，生産的労働であろう。しかし，家人によって担われ，生産と消費という分業関係が曖昧な場合には，手段として意識されにくく，必ずしも効率は追求されない。結果として，生産物との量的関係は不安定である。

山口重克は，もともと労働と消費や生活は必ずしも継起的に行なわれるわけではなく，また労働にもそれ自体が目的という側面もあり，截然とは分けられないとしたうえで，消費と分離しがたい労働について「最終消費財的性格の濃い生産物の生産過程や消費との境界が必ずしも明確でないような生産過程では，物量の安定的関係は必ずしも関心の対象にはならず，緩い関係のまま進行することもあろう」（山口[1985]:87）と説いている。

「最終消費財的性格の濃い生産物の生産過程」とは，「無体の生活資料

（Km）」のうち，電気のように他の，生活資料の生産手段になり得るものを除く，直接消費されるもの，あるいは学校教育に対する家庭教育のように個人的に消費される「無体の生活資料（Km）」の生産過程，すなわち個人的なサービスの供給過程を指す。

　また，「消費との境界が必ずしも明確でないような生産過程」とは，医療・介護など対人サービスのように，サービスの提供と享受・消費が隣接しているものを指す。これに対し，ソフトウェア・コンテンツやクリーニング，あるいは電気は生産と消費が空間的にも時間的にも分離しており，生産に投じられる労働は手段としての効率性を追求されやすい。逆に，前者の場合には，生産が消費と時間的にも空間的にも重なっているため，投下される労働は手段化されにくく，効率性が追求されにくいため，定量性を欠くことになる。

　この非定量性故に，生産的労働とは規定しがたく，不生産的労働と規定するほかない。

(3) 不生産的労働の特徴—関係性，自己目的性，補完性

　以上のような特徴を有する消費に付随して投下される労働には，非定量性以外に，次のような特徴がある。

　関係性　このような消費と一体化した活動は，定量性を欠くとはいえ，非労働のように目的意識性を欠くわけではない。先にみたように，目的意識性を欠いた活動とする限り，定性的な具体像さえ示せない。

　消費と一体化した活動の特徴は，目的意識性の欠如ではなく，むしろ目的意識性のあり方にある。すなわち，人間活動のなかから目的意識性をメルクマールに切り取られた労働のうち，目的である生産物との関係が明確で「合目的性」を追及しているのが生産的労働であるのに対して，不生産的労働は消費主体の充足を目的として行なわれる労働である。

　経済的には自身は賃労働に従事し，その賃金収入の一部で外部のサービスを購入した方が自ら携わるよりも場合によっては費用が安く済み，

手間も省けるにもかかわらず，消費に係わる労働それ自体が目的かのように担うのは本人との「関係性」が基底にある。

自己目的性・非手段性　消費主体の欲求に準じるという意味では手段性が乏しい。言い換えると，効率性は後回しにされる。手段としての労働であれば，効率性原則に則ってもっとも効率的な方法が選択されるであろうが，消費主体の目的に沿うことが優先されるので，効率性は犠牲にされる。

機能上は外部サービスで代替可能であり，場合によっては費用的にも外部サービスの方が優位でありながら，家庭内の作業が選択されるのは，消費主体への無体の生活資料（Km）の提供それ自体が，消費主体との関係で，「自己目的化」しているからである。言い換えると，手段性が弱い，「非手段性」ゆえに定量性を欠くのである

補完性　また代替可能な労働を家人が敢えて担うとしても，決して自給自足しているわけではない。家人が兼業ではなく，家事に専念する立場だとしても，家族に与える生活資料のほとんどは市場で購入されたものであり，場合によってはサービスとしての無体の生活資料（Km）も購入される。外部化できずに家庭に残る労働とはこれらの商品としての生活資料に対して追加的・補完的に投入される労働である。

つまり，外部からサービス，すなわち無体の生活資料（Km）を購入する場合にも，本人の求めに合うように細々と指示を出す必要がある。市場から有体の生活資料（Km）を購入する場合も，同様の理由でさらに加工する必要が生じる。このように，家事労働の大半を外部化させたとしても，外部化したサービスや財を本人の消費しやすいような形にするには一定の労務を要する。そもそも消費とは，調達した生産物をただ単に呑み込むような「最後まで受動的なかたちで欲望が満たされる」わけではないからである[96]。

阿部が「家庭内生産」に託した自給自足システムとは全く逆に，むしろ外部サービス，財を前提に，その購入だけでは完結しない消費過程を

補い，消費主体が消費に主体性を発揮できるようにする点「補完性」にこそ消費に伴う労働の第3の特徴がある。

むすびに代えて

本章では，家事労働の価値形成性や家族賃金思想批判への中川スミの論稿，端的には彼女が援用したマルクスの「労働力の価値分割論」を手が掛かりに，従来，定量性を特徴とする生産的労働を基準にして，消費に伴い家庭に残る労働，家事労働を捉えようとしていたことを明らかにした。そのうえで，生産的労働以外の労働を追求した従来の諸研究を取り上げ，それらが賃労働批判の理念型に止まっていたり，生産と量的にしか区別できない消費概念からアプローチに過ぎなかったりしており，家庭内の労働を分析するには成功していないことを確認した。最後に，生産過程の手段性に対する消費過程の特質を目的性，主体性に求め，消費に伴い家庭内に残る労働の特徴を関係性，自己目的性，補完性の3点にあること，また定量性が乏しいため不生産的労働であることを明らかにした。

本章の理論的インプリケーションは，いわゆる家事労働の大半が外部化可能となった今日でも，その全てが外部化されるわけではなく，家庭に残る部分があること，それは定量性を欠くという意味で不生産的労働，すなわち労働と規定しうることを明らかにした点にある。

【註】

67) ここでは山口に従って，生産物を有体物と無体物に分けた。後者は「一般にサービスと呼ばれているものにほぼ相当する」。無体の生産手段（Pm）としては，生産過程間の連結を司る調整効果の他に，運輸，保管，通信等の諸効果がある。さらに，生産過程内の照明，冷暖房，音楽，神事，医療，技能教育も「連結と必ずしも関係なく，特殊的な生産過程そのものの内部で労

働の遂行を助けるのに消費される種々の有用効果」「労働補助効果」として無体の生産手段（Pm）に加えることができる。これに対して，無体の生活資料（Km）は無数にあり「たとえば，右の（v）（労働補助効果の項を指す—引用者）で述べたようなものが，ある生産物の生産活動の手段として消費されるのではなく，その消費が人間の生活それ自体の内容を構成していると考えられる場合には，それは Pm ではなく Km である」（以上，山口 [1985]:88-90）。

68）上野 [1982] 参照のこと。

69）Himmelweit & Mohum[1977]。

70）ちなみに本稿で取り上げている家庭に残る労働とは，同様のサービスが企業によって担われるなかでも家庭内で行なわれる労働のことであり，いわゆる家事労働のなかには定量性があり，外部化される部分があることを前提にしており，時間計測の試みを否定するつもりはない。その点を確認したうえで，ここでは我々の問題関心から時間計測研究について3点コメントしておく。第1に，価値論との関係が不明確である。この点について，足立眞理子も「生活時間使用分析の実証研究によるフェミニズム独自の労働概念である貨幣不払い労働（unpaid labor）の提出が行われたにもかかわらず，経済学における『家事労働』は労働か，あるいは価値形成労働であるかという理論課題そのものには十全なる回答を与えることができたとは言い難い」（足立 [2010]:9）と指摘している。第2に，外部化した労働と家庭内になお残る労働との間に定量性の有無という質的違いがある点が見過ごされている。この点について，ヒメルワイトも「諸研究によれば，典型的な無償な"労働"であるような活動に使用される時間は，世帯間で膨大な相違があることが明らかになっている」（Himmelweit[1995]:9, 久場訳 :125）と指摘している。第3に，時間計測の意図が「現在お金で評価されていない労働が国の経済規模のどれぐらいに匹敵するのか，どの層がどれくらい長くこれに従事しているかを明るみに出し，社会サービスに変えたり，男女で分けあったり，それでも担いきれない分は，たとえば労働時間を短縮してアンペイドワークに使える部分を増やし，等身大の働き方のできる仕組みに変えていこう」（久場・竹信 [1999]:4）という点にあるとするならば，外部化により負担を免れうる定量的労働以外にも非定量的であるために費用化も外部化もできない労働があることこそ明らかにすべきであろう。さもなくば，家庭に残っている労働もいずれは外部化されるからと不問に付される虞があるからである。

71）中川 [1999]:15。

72）「毎日，家事や育児のために費やすこれだけの労力と心づかいが，何の価値をも生まずに，煙のごとく消えうせるその過程が，すっかり納得できなければ，主婦はあきらめきれないのだ」（磯野 [1960]:8）。

73）「労働力が商品であり，『労働力の生産』という表現が経済学で使われて

いる以上,『労働力という商品の生産』ということがいえるはずだ。／すると主婦は生米や布地に加工し, それらを生活手段として夫に供給することによって, 彼の労働力を市場に出せる形(商品として完成したもの)にするといえないだろうか」(同:10)。他に古賀[1979], 伊田[1995], 櫛田[2003b]第3章)。

74) 磯野富士子は家事労働が直接労働力を生産するという考えを撤回し「家事労働が作るのは労働力ではなくて, 生活資料である」(磯野[1961]:99)と改めた。古賀にもこのような見方が混在している(古賀[1979]:43)。

75) 中川によれば, マルクスは「大工業のもとでの女性労働の参入を積極的に評価し」ていた(中川[1999]:30)。例えば「大工業は, 家事の領域のかなたにある社会的に組織された生産過程で婦人や男女の少年や子供に決定的な役割を割り当てることによって, 家族や両性関係のより高い形態のための新しい経済的基礎をつくりだすのである」(K.I,S.514)との叙述がそうである, と。

76) 小幡[1990]によれば, 当時ヨーロッパで流行っていた改良主義的社会主義批判という意図があった。すなわち, その理論的基盤とされたプルードンの「搾取なき市場論」は剰余価値の源泉を労働力商品の価値以下での売買に求め, 価値通りの交換による社会主義の実現を目指していた。マルクスは価値論に則ってこれを批判しようとして, 労働力商品にも生産概念を適用してしまった(小幡[1990]:7-8)。しかし, 『労働力の生産』という観点を突き詰めてゆけば, 生活手段を消費する過程にともないわゆる『家事労働』の位置づけや, さらに熟練の形成のために労働者自身がおこなう自己訓練のための労働の処理など, 厄介な問題に縫着せざるを得ない」(同:5)と。小幡[2009]でも「問題101 「労働力の再生産」という用語は, 不適切か。」(小幡[2009]:154)に対して「解答 不適切である。」「解説 労働力の形成を『生産』に結びつけて理解しようとすると, その本質を見失う。『生産』の意味を拡張して『労働力も特殊な生産物だ』とみなそうとするのが通説だが, それは生産概念を使いものにならないほど曖昧にする」(同:324)と自答している。また「生産手段も, 労働者の生活物資も, ともに, 社会的再生産が生みだした生産物から回収されるが, 生活物資と労働力との間には生産技術的な関係が存在しない点で, 決定的に異なる」(小幡[2009]:152)とも述べている。

77)「(有償性の吟味には交換の成立を示すだけで良かったのに家事労働の無償性を商品生産と絡めて論じた理由として—引用者)より重要なのは, 家事労働は私的労働だから無償であるという, しばしば見受けられる短絡的な議論に対して, じつは社会的分業の一環となって商品生産を担っている労働こそ, たがいに独立して営まれる商品生産者の私的労働にほかならないこと, したがって, 家事労働が無償であることをいうためには, それが『商品交換をつうじて社会的総労働の諸環であることを証明するような』私的労働ではなく, 社会的分業の体系の外におかれて個々の家庭で営まれる私的労働であることを強調する必要があったからである」(中川[1994]:100)。

78) 安田 [2011] では「その一部，特に調整労働は」という限定が抜けていたために，運輸労働, 補完労働が全て価値非形成かのような叙述となっていた。訂正したい。

79) 中川が「経済単位としての個別家族の止揚」というとき，それは必ずしも家族という集団が無くなることを意味しない。「ここで『個人単位で労働者が再生産される』という場合に問題にしているのは，けっして『生活共同体』としての家族が消滅して人々がバラバラで生活するということではない。個人単位での労働者の再生産とは，労働者家族の再生産費用が家族単位で総括される必要がなくなるということ，つまりエンゲルスのいういわゆる『経済単位』としての個別家族が止揚されること，またこのことだけを意味する」（中川 [1994]:115）。

80)「労働疎外論→剰余価値論→生産的労働論という枢軸を基本的視角として，以下において，マルクスの生産的労働論の生成をあとづけてみよう」（阿部 [1967b]:18）。

81)「マルクスは，『生産的』という言葉を決して肯定的には使っていない。マルクスにとって，『生産的労働』とは『疎外された労働』の逆説的表現である。だとすれば，『不生産的労働』とは疎外されていない労働，つまり資本関係に包摂されておらず，従って人間労働のあるべき状態を意味する逆説的表現であると考えられる。マルクスにとっては『生産的労働』は否定されるべきもの，『不生産的労働』は肯定されるべきものであった」（同 :203）。

82) 以上，Bock G. & B. Duden （[1977], 訳書 :2,38,40,41）からの引用。

83) 前掲訳書 p79。

84) 本来，労働は手段ではなく「生活行為そのもの」であったと理解する阿部は，営利原則に役立つ労働（＝「生産的労働」）と，役立たない労働（＝「不生産的労働」）とに二極化している今日の労働を否定するものとして「非労働」概念を宣揚している（阿部 [1987]:228-229）。

85) 阿部はこの二分法（ディコトミー）の克服という観点から，フェミニズムの「無償労働に賃金を」という要求は克服すべき賃労働「疎外された労働」を基準にした考えとして批判する一方，イリイチの「シャドウ・ワーク」ないし「サブシステンス」概念に賛同を寄せている。すなわち，「私の『家庭内労働』（『家庭内生産』あるいは『GNP 外生産』）の概念は，『家事労働』の概念とは似て非なるものである。そこには，もちろん，いわゆる家事労働の一切が含まれるが，その他に，男（夫）や子供が家庭で行う一切の生産が含まれる。夫が２週間に１度行う芝苅り，春と秋の生垣の苅込み，建物の修繕やペンキ塗り，子供達の散髪，自動車の手入れ，子供達が行う自転車の修理や

清掃，金魚や犬の世話，父と子でやる日曜大工の本箱作り，夫婦でやる庭や家庭菜園の手入れ，家族総出の草むしり，年に1度の家の大掃除，等々，いくら書いても書ききれない作業が含まれている。〈企業が生産し，家庭が消費する〉あるいは〈生産は家庭の外で，消費は家庭の内で〉という社会通念化としているディコトミーでつかまえるならば，私が『家庭内生産』と呼ぶほとんどのものは『消費』——ペンキの消費，洗剤や水や電気の消費，板や釘や鉋の消費，等々——ということになるであろう。しかしこれこそが本来の生産・正真正銘の生産・『使用価値』に基づく生産である」(同:208, 他に同:219)。あるいは「私は『家事労働』(『『家庭内生産』は『シャドウ・ワーク』であると同時に『サブシステンス』でもある，と考える」(同:214)と。しかしながら，イリイチの「シャドウ・ワーク」とは，家庭内の支払われない労働という点では阿部のいう「家庭内生産（労働）」と同じであるものの，生業が賃労働化したことに伴って生起した「影の経済」の一部であり，「近代の賃金雇用と同じく近時の現象」(イリイチ [1981]: 訳書 11, フランス語版への序) である。また，その裏面として「シャドウ・ワーク」は「生活の自立と自存に寄与するものではない。まったく逆に，それは賃労働とともに，生活の自立と自存を奪いとる」(同:192) ものとして，イリイチにあっては否定的に捉えられている。また，イリイチのいう「サブシステンス」（訳者は「サブシステンス」を「人間生活の自立と自存の基盤」と訳したり，「生活資料」と訳したりしている）ないし「ヴァナキュラーな領域」とは，「シャドウ・ワーク」によって今日では掘り崩された「人間生活の自立と自尊の基盤」を指すのであり，商品経済社会になお残存する自給自足的な領域である阿部のいう「家内生産（労働）」とも異なる。

86) ヒメルワイトの業績については足立 [2010], 原 [2005] に詳しい。

87) ヒメルワイトによれば，家事の商業化だけでは召使いの利用は限られていたため賃金労働と比較されるには至らなかったものの，女性の就労が一般化すると家事労働も賃金労働と比較されるようになった (Himmelweit[1995]:7-8, 久場訳:122-123)。

88)「マルクスの労働概念は，基本的には生産と密着したかたちで規定されているが，この点に反省を加え，労働と生産との間に横たわる溝を明確にしてゆきたい。『資本論』の論理構成では，労働から生産へ進む配列になっているのに対して，本稿は標題が示すとおり，逆に，生産と消費というモノの過程を基礎におき，それを制御するものとして人間労働の分析に進むという方法を提起する」(小幡 [1995]:3)。

89)「負の労働量という概念は消費活動に安易に一般化すべきではないが，しかし，それにはまったく意味がないわけではない。たとえば，今日深刻化しつつある生産規模の膨張と自然的な物質代謝との軋轢を捉えるうえでこの概念は一定の示唆を含んでいる」(同:15)。

90) 消費における労働を生産的労働観点でのみ捉えることに対する小幡のもう１つの批判は，「社会的再生産が一定の＜剰余＞をともなうという視座を事実上放棄するということである。「生産という概念は，社会的な再生産という観点をぬきに厳密には規定できないものであった。そこには，ある生産手段を確保すれば，それをこえる純生産物が繰り返し生成可能であるということが含意されていた。…小麦の生産から消費にいたる過程を連続した一過程としてしまうことは，このような〈剰余〉の観点を消し去ることにつながる」（同 :14）。

91)「生産過程でおこなわれる労働を生産的労働という。『生産的労働』という用語は，何をもって『生産的』いうかで拡張され多義化する。この規定は，例えば『価値を生みだす労働』といった狭義の規定もあるが，本書では『生産にたずさわる労働』という意味に限る」（小幡 [2009]:148，引用中の強調は原著者。以下同様）。

92)「自然過程において，始点を構成するモノのセットを投入，終点となるモノを産出という。投入と産出を比較して，増大している場合を生産とよび，減少している場合を消費とよぶ」（同 :102）。

93)「目的意識的な活動は，直接的な欲求から距離のある手段を生みだす場合に強く求められる。不測の事態に備えて食料を備蓄する場合には，直接的な欲求なしに，将来の状況を想像して活動する。こうした場合に活性化する，人間に特有な目的意識的な活動を労働とよぶ」（同 :103）。「労働の対極は休息や遊びのような，非労働と一括するしかない不定型な活動である」（同 :104）。

94) ヒメルワイト自身も，外部化されたサービスと本人との関係で家庭に残る作業との質的相違を強調している。「服を洗濯し食べ物を料理するという活動は，洗濯や調理をする人々と分離できるが，家庭内の労働として挙げられるものの多くは，この種類のものではない。"ケアリング"とは，世話する人と世話をされる人との間の関係において，ある程度まで独立的な身体的な世話から，世話をする人がその世話の中身と分離できないような情緒的な世話まで広がる曖昧な概念である」（Himmelweit[1995]:8, 久場訳 :124）。他方，ベネリアはヒメルワイトの議論を家事労働を計測することに批判的な3潮流の１つ，有償労働との質的違いを強調するタイプとして取り上げ（他の２つは計測を無意味とするフェミニスト側の批判と価値理論に反するという新古典派側の批判），ケアリングや自己実現活動は有償労働になってもその性格は失われない（質的に違いがない），無償労働には木材を集める，家を掃除する等もあり，ケアリング労働に限らない等4点に亘って批判している（Beneria[1999]:302-303）。ところが，ヒメルワイト自身は後になると，いわゆる家事労働のうち外部化されたサービスと家庭内に残る労働との質的相違の指摘を控え，雇用されているか否かという観点から私的セクターや公的セクターに従事する労働を「有償労働」，家庭内に残る労働を「無償労働」と

する二分法に転じている（Himmelweit[2002]，この論文については原 [2005]が詳しい）。雇用関係の有無で労働を区分するのは，第三者代替性のような機能による区別に比べ，きわめて表層的といわなければならないが，その検討は別稿に譲りたい。

95)「非労働はマイナスの労働量だなどと誤解しないでほしい。『労働の結果が生産である』というのは，その一象限をなすにすぎない」(小幡 [2009]:104)。

96) 小幡は第３章でも紹介した「消費＝負の労働」論を示した後，その限界として次のように述べている。「人間の労働過程のすべてが産業化し，個体化した砂粒のような人間がさまざまな有用効果をいわば点滴のごとく受けとるような状況を究極の社会像とみなすことはとうていできない。もともと，人間の労働過程のうちには，自己の労働を通じてはじめて自己の欲求を充足するという局面が含まれているのであり，この種の積極的な活動ぬきに最後まで受動的なかたちで欲望が満たされると考えるわけにはゆくまい。小麦の生産から消費にいたる一連の過程をすべてこの種の定量性をもつ手段としての労働に還元して捉えることは，『労働そのもの』のもつ人間主体にとっての積極的な意義を看過させることになるのである」(小幡 [1995]:14)。

むすびとして

(1) まとめ

　本書では，労働が複雑に多様化しているこんにち，その多様な労働のすべてではないにしてもその一部，あるいは全面的にはないにしてもその一面は，資本主義経済それ自身が内包している，経済法則が前提とする平均的労働に尽きない多面的あるいは拡散的・不安定的側面の発現であるとの見立ての下，諸労働の理論的位置付けを試みてきた。

　理論の欠如　今日，製造業従事者の比率が低下したり，少子高齢化のなかで「仕事と家庭の両立」が叫ばれたりするなかで，従来の直接的生産労働とは異なる様々な労働，ホワイトカラー労働，ブルーカラーも加えた能力主義的労働，家事労働や医療労働，介護労働等を含めたケア労働等が話題となっている。しかし，その資本主義的生産様式における位置付け，理論的位置づけが十分なされているわけではない。

　例えば，今日話題となっている査定成績を処遇に反映させる能力主義的労働についても，専ら日本的な年功給の打開策，欧米流賃金制度への転換とか，能率給による剰余価値の秘密隠蔽，時間単価の切り下げという労務管理的視角から位置付けられ，勤続昇給の理論的可能性について追求されたわけではない。

　家事労働やケア労働については，その女性への偏りや不払い労働（アンペイド・ワーク）という視角からのアプローチが前面に出て，その経済理論的位置づけが曖昧なままであった。例えば，労働力商品の価値規定に家族賃金思想を嗅ぎ取るフェミニズムからの批判に対しては，あくまで『資本論』解釈としての適否という視点で反批判が行なわれ，家事

労働が労働か否か，労働として生産的労働とどのように異なるかという理論的観点からの検討は乏しかった。

理論的位置付け　このような状況に対し，本書は生産的労働概念の再検討を通して，多様な労働の理論的位置づけを試みた。

すなわち，自身のための行為ではなく，他者のための行為を「労働」と抑えた上で，生産の目標がハッキリし，目的合理的に，言い換えれば手段的に追求される行為を「生産的労働」とした。目標がハッキリしているならば，その社会の技術水準，文化・慣習等に規定されて，労働とその生産物の間には安定的な量的関係，定量性が形成される。

この定量性を生産的労働の指標として，他者のための行為であっても，他者の欲求充足，消費に寄り添う形で，本人の欲求に合わせる場合には，生産物との間に量的安定性は認めがたいので，「不生産的労働」と位置付けた。

また，同じ生産的労働のなかでも，追加供給が可能な単純労働が資本の効率性原則で締め上げられた場合には，その投下量と成果である生産物との間には量的技術的確定性が形成され，需要超過に対して供給を追加する場合も，投下労働量の基準となりうるので，価格変動の重心をなす価値を規定する労働，すなわち「価値形成労働」とした。

他方，例えば，生産過程間の連結・調整を行なう調整労働のように，たとえ資本の下の労働でも，成果との間で量的技術的確定性が望めない労働は，資本により投下量がまちまちであり，重心価値を規定し得ないので，「価値を形成しない生産的労働」とした。

そのなかには，事前に一定の職業訓練を要するものがある。いわゆる「複雑労働」である。また，技能・知識が労働とともに蓄積される場合には，いわゆる企業特殊性が生じる。企業特殊的な技能・知識の修得費用は労資双方の負担になるため，労働者の企業定着傾向，勤続が発生すると同時に，そのうち技能・知識の表出が産出量として外形的に把捉することができない労働，個人毎の成果が見えにくい労働，あるいは現れ方が不確定な労働に対しては，個人毎の仕事の評価，査定が適用されうる。い

わゆる「能力主義的労働」である。

　先行研究の援用　このような諸労働の理論的位置付けに際し，本書が依拠した先行研究がいくつかある。

　菅原による生産過程の有機的編成における直接的生産労働以外の摘出であり，山口による「価値概念の広義化」および「抽象的人間労働の二重化」であり，小幡による生産的労働と「労働それ自体」の峻別，あるいは「型づけコスト」に基づく労働市場の常雇と産業予備軍への分化，さらにまた中川による家事労働の私的性格の強調である。

　これら先行研究の創見をどのように引き継ぎ，あるいは独自に組み替えたかは本文に譲るが，いずれもアイディア先行で始まった本研究を肉付けする際に大いに参考になった。

（2）付随的に明らかになったこと

　以上のような，単純労働に止まらない各種労働の理論的位置づけに伴い，付随的に明らかになったことがいくつかある。本研究の特長でもあるので，重要な3点を書き留めておく。

　労働過程と生産過程の違い　労働過程と生産過程とは従来，価値の形成・増殖を扱う価値形成過程に対して，専ら使用価値を対象とする過程として一体的に捉えられ，明確には区別されていなかった。労働過程を結果である生産物から捉え返すと生産過程になることを宇野は繰り返し強調したものの，その意味は必ずしも明確ではなかった。生産過程論では生産過程相互の連関に焦点が当てられるとの指摘があったものの，労働にとって相互関連のもつ意味は必ずしも明らかではなかった。ここでは，労働過程を生産物視点から捉え返す意味を生産物の生産のために目的意識的に編成される点に求めた。すなわち，労働過程論が自然との物質代謝過程における人間労働の主体性を明らかにしようとしているのに対して，生産過程論は，人間労働や労働対象，労働手段が，結果である

生産物から逆算して目的合理的に編成されていること，言い換えれば手段化された過程であることを明らかにしようとしていると，その視点・役割を峻別した。

　労働対象・労働手段と生産手段　また，生産的労働が目的意識的，言い換えると手段化された労働であることが明らかになると，生産手段は労働対象と労働手段の単なる総称として済ますわけにはゆかなくなった。すなわち，労働対象と労働手段は，労働において主体である人間が働きかける対象と，その人間の手の延長としての手段に二分した概念であり，いわば代表単数的に捉えられ，それぞれの内部関係は問われていない。他方，目的である生産物に合致するように目的合理的に編成された生産過程では，人間の外界，自然における対象と手段の差は捨象され，生産手段と一括されたうえで，あくまで生産物の生産に適した内容と量が問われる。特定の生産物の生産に関係のない生産手段，あるいは技術的観点から不要とされた生産手段は排除されると同時に，より効率的な生産手段が選択される。

　生産と消費の質的差異　さらに，生産過程ないし生産が，生産物の取得のために手段的に追求される目的意識的過程であることが明らかになると，消費の生産との質的違いも明確になった。
　従来，消費はしばしば費やすという日常の用法そのままに用いられ，生産的消費のように生産と消費の境目は曖昧であった。両者の区分に対して，従来，生産と消費の二分法を克服すべきという指摘や生産と消費を過程の量的結果，正負のポジションで捉える試みもみられたものの，分析ツールというよりも批判基準に止まっていたり，過程の結果次第で生産にも消費にもなり，両者に質的違いを設定できなかったりしていた。
　ここでは生産を手段化された,目的意識的過程,行為とすることによって，消費は，逆に手段性の弱い行為という位置づけが与えられた。
　結局，本書は，労働と生産，生産と消費のそれぞれに断層を見出し，そこから漏れる光を頼りに，近年増加しているホワイトカラー的労働,

能力主義的労働に「価値を生産しない生産的労働」という位置づけを与え，外部サービスが普及してもなお家庭内に残る労働に「単なる価値非形成に止まらない不生産的労働」という位置づけを与えたのである．

(3) 今後の課題

　冒頭で触れたように，本書が，現実の多様な労働の理論的な位置付けを試みたのは，それらの労働は必ずしも資本主義の現代的変容によって新たに齎された面ばかりでなく，資本主義経済がそれ自身のうちに有していた多様化の契機が表出したものであり，均質な労働に収まらない資本主義経済の不安定性が明らかになったり，多様化の契機の特定により資本主義の現代性もまた明らかにできたりする，という意図からである．
　しかしながら，本書は諸労働の分類に止まり，後段は果たされていない．今後の課題となる．
　その端緒は，やはり先に挙げた本書独自の視点，見解にある．
　今日問題になっている能力主義のあり方，個人毎に処遇差を付ける試みに対し，その対象が「価値を形成しない生産的労働」に限定されているのか，言い換えると査定が必要なのか否か検討される必要がある．今日では正社員と非正規雇用があたかもレッテルのように，その呼称によって勤続昇給する者とほとんどしない者等，処遇格差が設定されている．合理的処遇差なのか否か．また正社員の働き方は能力主義的労働一本なのか．皆に査定が必要なのか，検討する必要がある．労働者保護やその基準は，市場原理だけで処理されて良い問題ではないが，均衡処遇を求める場合，働き方の違いがどこにどの程度あるのか，視野に入れる必要があろう．
　また，家事・介護等，ケア労働のあり方についても，少子化対策として三世代同居が政策目標に掲げられている．他方，保育では，待機児童の新規発生と保育所増設のいたちごっこが続いている．しかし，現在，家庭内で家人が担っている労働のすべてが不生産的労働なのか．目的合理的に，言い換えると効率的にこなして差し支えない部分，外部化可能

な生産的労働はどの部分か，検討する必要がある。この部分，定量的で外部化可能であるにもかかわらず，家人に委ねられている部分は，文字通りの「アンペイド・ワーク」であり，その家庭内に止まらない手当が検討されて良い。

　生産的労働，不生産的労働の別は資本主義経済に限らない。しかし，資本主義経済では，主に賃労働が担う生産的労働の拡大が進み，かつて不生産的労働が担っていた領域を浸食していく。そのため，「労働力の価値分割論」のように，いずれすべて外部化される（その費用が両性の賃金に算入される）と想定しがちである。言い換えると，不生産的労働が見落とされたり，消極的にしか評価されなかったりしがちである。しかし，消費にともない家庭に残っている労働がすべて外部化可能な定量的労働，生産的労働でないとするならば，やはり家人が担う労働が残る。家人と言っても，今や共働きが過半数なのであるから，不生産的労働の存在は，言い換えると賃労働である生産的労働との補完関係の問題，いわゆるワーク・ライフ・バランス問題でもある。不生産的労働の分担を視野に入れた生産的労働に対する労働時間等の基準設定が課題となる。

　以上のような今日的問題に対しても，本書の，諸労働の理論的位置付け，それぞれの発生契機の分析が活用されてしかるべきであろう。

あとがき

　本書は，2014年暮れ，九州大学に提出した博士論文に手を加えたものであるが，各章はさらに以下の既発表論文をもとにしている。
　第1章…「生産的労働概念再考」経済理論学会『季刊経済理論』第48巻第2号,2011年。
　第2章…「複雑労働の理論的可能性」同第52巻第1号,2015年。
　第3章…「能力主義の理論的可能性」同第44巻第4号,2008年。
　第4章…「消費における労働―家庭に残る労働」同第49巻第4号,2013年。
　各論文の刊行に当たっては経済理論学会学会誌編集委員のお世話になったし，査読委員からは貴重なアドバイスを得た。
　また，博士論文の取りまとめに当たっては，九州大学の稲富信博教授，久野国夫教授，深川博史教授から構成の見直し，論理上の不整合や説明不足な点のご指摘から表現の問題まで細部に亘り丁寧なご指導をいただいた。また，学部時代より指導を仰いだ逢坂充九州大学名誉教授，福留久大同名誉教授からは，大学院修了から長い時間を経て博士論文にトライすることに励ましとアドバイスをいただいた。他学部生でありながら学部ゼミへの参加を認めていただくために逢坂研究室のドアを叩いたこと，独学の成果を試すために福留先生が指導されていた学外の『資本論』読書会に顔を出したことを思い起こすと感慨に堪えない。
　さらに，個別の論文を超えて，研究活動について周囲から様々な支援を得た。
　東北に出てからは，故馬渡尚憲先生主催の仙台経済学研究会に加えていただき，年1回の研究会発表を目標に研究活動を続けることができた。研究会に誘っていただいた故石橋貞男和歌山大学教授や，会の幹事を務

められた奥山忠信埼玉学園大学教授，星野富一富山大学名誉教授には他の研究会にもお誘いいただくなど，様々なアドバイス，刺激を得た。

半田正樹東北学院大学教授，菊地登志子同教授，田中史郎宮城学院女子大学教授からは，学生による三大学合同ゼミの他，様々な研究会，イベントに誘っていただき，関心を絞りがちな私に様々な刺激を与えて下さった。特に田中先生には大変お世話になった。宮城学院女子大学に講義に出向いた後，決まって先生の研究室にお邪魔した。話題の豊富な先生の聞き役に回ることがほとんどであったが，たまにはこちらから議論をふっかけることもあった。そんなときもいやな顔一つせずおつきあい下さった。本書のベースとなった第1章，その元になった論文も，構想を得たのは研究室での先生との会話であったと記憶する。

またSGSIME（マルクス経済学の現代的課題研究会）では，代表の河村哲二法政大学教授他メンバーの皆様にお世話になった。春夏2回，八王子セミナーハウスでの研究会に参加することで刺激を得，また発表する機会を与えられ，励みになった。

私は，1991年赴任以降，山形大学人文学部で研究環境を得た。当初は研究方向も定まっていなかったが，そんな状況でも研究を続けられたのは大学，学部のおかげである。ちなみに本書も人文学部の研究活動支援制度の出版助成を受けている。

出版が困難な時期にお引き受け下さった松田健二社会評論社社長，仲介して下さった奥山教授に感謝申し上げたい。

最後に，一人息子に研究者というわがままな選択を認め支援してくれた両親，亡父馨，母美智子に本書を捧げたい。

参考文献

(本文中の引用頁数は,雑誌論文が書籍に収められた場合には後者の頁数を指している)

青才高志 [1977]「価値形成労働について――生産的労働とサーヴィス」『経済評論』第28巻第9号。
―――[2006]「マルクスのサービス概念――労働売買説批判」『経済学論集』(信州大学) 第55号。
赤堀邦雄 [1971]『価値論と生産的労働』三一書房。
遊部久蔵 [1949]『価値論争史』青木書店。
―――[1958]『「資本」研究史』ミネルヴァ書房。
足立眞理子 [2010]「労働概念の拡張とその現代的帰結」『季刊経済理論』(経済理論学会) 第47巻第3号。
阿部照男 [1967a]「生産的労働論と国民所得論」『商学論纂』(中央大学) 第9巻第4号 (後に阿部 [1987] 第3章)。
―――[1967b]「マルクスの生産的労働論の生成について」『商学論纂』(中央大学) 第9巻第6号 (後に阿部 [1987] 第1章)。
―――[1987]『生産的労働と不生産的労働』新評論。
安部隆一 [1949]「複雑労働と簡易労働――「価値論」の一断面」『経済学雑誌』(大阪市立大学) 第21巻第1～3号 (後に安部 [1951] 所収)。
―――[1951]『「価値論」研究』岩波書店。
荒又重雄 [1962]「複雑労働の簡単労働への還元の問題に関する試論」『経済評論』第11巻第6号 (後に荒又 [1972b] 所収)。
―――[1972a]「抽象的人間労働と社会的労働――複雑労働に関する拙論への降旗節雄氏の批判によせて」『経済学研究』(北海道大学) 第22巻第3号。
―――[1972b]『価値法則と賃労働――賃労働論研究序説』恒星社厚生閣。
―――[1975]「複雑労働論再論」『唯物論』第23号。
―――[1981]「複雑労働論補遺――W. リープクネヒトおよびO. バウアーの所説によせて」『経済学研究』(北海道大学) 第31巻第2号。
―――[1988]「複雑労働概念の理論的意義」『経済学研究』(北海道大学) 第37巻第4号。

有沢広巳・中村隆英 [1955]『国民所得』中央経済社。
飯島健太郎 [1999]「富士通の人事・賃金制度−−成果主義処遇の仕組み」（笹島芳雄編 [1999] 所収）。
飯盛信男 [1977]「生産的労働論争批判」『経済論集』（佐賀大学）第9巻第1/3合併号。
石井徹 [2007]「IT革命による労働力市場の変容」(SGCIME編 [2007] 所収)。
石倉一郎 [1977]「労働過程論の位置と本源的規定」『経済理論学会年報』第14号。
石田光男 [1990]『賃金の社会科学』中央経済社。
泉弘志 [1992]『剰余価値率の実証研究』法律文化社。
磯野富士子 [1960]「婦人解放論の混迷」『朝日ジャーナル』1960年4月10日号（後に上野 [1982] 所収）。
―――[1961]「再び主婦労働について」『思想の科学』1961年2月号（後に上野 [1982] 所収）。
伊田広行 [1995a]「家事労働論」（伊田 [1995b] 所収）。
―――[1995b]『性差別と資本制』啓文社。
伊藤誠 [1980]「価値の実体規定の展開−−結合生産，複雑労働および再生産表式をめぐって」『経済学論集』（東京大学）第46巻第1号。
―――[1984]「熟練労働の理論的取扱いについて」（山口・平林編 [1984] 所収）。
―――[1989]『資本主義経済の理論』岩波書店。
岩田弘 [1972]『マルクス経済学（上）』風媒社。
上杉正一郎・広田純・田沼肇 [1954]「戦後日本における国民所得統計」（遠山茂樹編 [1954] 所収）。
上野千鶴子編 [1982]『主婦論争を読む』勁草書房。
宇野弘蔵 [1950,52]『経済原論』岩波書店。
―――[1953]『恐慌論』岩波書店。
―――[1957]「『資本論』と社会主義」『経済評論』1957年3月号（後に宇野 [1958] 第9章）。
―――[1958]『『資本論』と社会主義』岩波書店。
―――[1962]『経済学方法論』東京大学出版会。
―――[1964]『経済原論』（全書版）岩波書店。
―――[1970,73]『資本論五十年・上下』方正だ苦学出版局。
宇野弘蔵編 [1967a]『新訂　経済原論』（現代経済学演習講座）青林書院新社。

―――[1967b]『資本論研究第II巻』筑摩書房。
遠藤公嗣 [1999]『日本の人事査定』ミネルヴァ書房。
―――[2005]『賃金の決め方――賃金形態と労働研究』ミネルヴァ書房。
大内力 [1980]『経済学方法論』(大内力経済学大系第1巻),東京大学出版会。
―――[1981]『経済学原論（上）』(大内力経済学大系第2巻),東京大学出版会。
大石雄爾 [1999]「＜研究ノート＞複雑労働・単純労働の訳語問題について」『経済学論集』(駒澤大学)第31巻第1号。
大石雄爾編 [2000]『労働価値論の挑戦』大月書店。
大谷禎之介 [2001]『図解　社会経済学』桜井書店。
岡本康雄 [2003]『現代経営学事典（三訂版)』同文館。
小沢修司 [2002]『福祉社会と社会保障改革――ベーシック・インカム構想の新地平』高菅出版
尾高煌之助 [1988]「内部請負と内部労働市場」『経済研究』第39巻第1号(後に尾高 [1993] 所収)。
―――[1993]『職人の世界・工場の世界』リブロポート。
小幡道昭 [1990]「労働市場の変成と労働力の価値」『経済学論集』(東京大学)第56巻第3号。
―――[1992]「生産価格の規制力」(山口重克編 [1992] 所収)。
―――[1995]「生産と労働」『経済学論集』(東京大学)第61巻第3号。
―――[1997]「協業と分業」『経済学論集』(東京大学)第63巻第2号。
―――[2004]「グローバリズムと原理論」『経済理論』(経済理論学会)第41巻第1号。
―――[2009]『経済原論』東京大学出版会。
―――[2011]「変容論的アプローチによる原理論」「宇野理論を現代にどう活かすか」Newsletter 第2期第4号 (http://www.unotheory.org/files/No4/reply-obata.pdf, 2011年6月12日)。
金子ハルオ [1959]「生産的労働と国民所得」『経済評論』第959年10月号。
―――[1963]「簡単労働と複雑労働」『経済と経済学』(東京都立大学)第10/11号。
―――[1964]「国民所得の理論問題」『経済と経済学』(東京都立大学)第14号。
―――[1978]「サービスの概念と基本性格」(金子ほか編 [1979] 所収,後に金子 [1998] 序論第1章)。

―――[1998]『サービス労働論研究』創風社。
金子ハルオほか編 [1979]『経済学における理論・歴史・政策』有斐閣。
鎌倉孝夫 [1996]『資本主義の経済理論』有斐閣。
木下武男 [1999]『日本人の賃金』平凡社。
木本喜美子 [1996]「『家族賃金』観念の現代的意味」(西村ほか [1996] 所収)。
櫛田豊 [1996-2001]「労働力価値形成説の展開 (1) ～ (7)」『研究紀要』(青森大学) 第 19 巻～24 巻 (後に櫛田 [2003b] 所収)。
―――[2000]「労働力の価値規定について」(大石雄爾編 [2000] 所収, 後に櫛田 [2003b] 第 3 章)。
―――[2003a]「労働力商品への価値法則の適用と労働力価値内在説の展開」『経済学研究』(九州大学) 第 70 巻第 2/3 号 (後に櫛田 [2003b] 第 8 章)。
―――[2003b]『サービスと労働力の生産』創風社。
久場嬉子 [1996]「解説スーザン・ヒメルワイト『無償労働の発見――"労働"概念拡張の社会的諸結果』」『日米女性ジャーナル』第 20 号。
―――[2002]「ジェンダーと『経済学批判』」(久場 [2002] 所収)。
―――[2002]『経済学とジェンダー』明石書店。
久場嬉子・竹信三恵子 [1999]『「家事の値段」とは何か――アンペイドワークを測る』岩波ブックレット No.473。
熊沢誠・遠藤公嗣 [2002]「(対談) 賃金のあり方は変わったか」『家計経済研究』(家計経済研究所) 第 54 号。
熊沢誠 [1981]『ノンエリートの自立』有斐閣。
―――[1989]『日本的経営の明暗』筑摩書房。
―――[1996]「日本的能力主義の惰力」『甲南経済学論集』第 36 巻第 4 号。
―――[1997]『能力主義と企業社会』岩波書店。
経済学会連合会編 [1982]『経済学の動向』第 2 巻, 東洋経済新報社。
厚生労働省 [2002]『就労条件総合調査　平成 13 年度版』労働法令協会。
―――[2005]『就労条件総合調査　平成 16 年度版』労働法令協会。
―――[2007]『パートタイム労働者総合実態調査　平成 18 年版』。
―――[2010]『労働経済白書　平成 22 年版』。
小池和男 [1977]『職場の労働組合と参加――労使関係の日米比較』東洋経済新報社。
―――[1991]『仕事の経済学』(第 3 版 2005 年) 東洋経済新報社。
古賀良一 [1979]「労働力の価値と家事労働」『商経論集』(北九州大学) 第

1 巻第 4 号。

小島寛 [1993]「流通費用と価値形成労働−−山口重克の所説によせて」『東京経大学会誌』第 182 号。

―――[1996]「資本形式と流通費用−−山口重克の所説によせて」『東京経大学会誌』第 196 号。

小椋廣勝編 [1954]『國民生活と平和經濟』(『日本資本主義講座：戦後日本の政治と經濟第 8 巻』) 岩波書店。

古林喜楽 [1953]『賃銀形態論』森山書店。

桜井孝男 [1983]「複雑労働の単純労働への還元問題と競争」『大阪経大論集』第 152 号。

―――[1987]「複雑労働と労働力の生産」『大阪経大論集』第 177 号。

笹島芳雄編 [1999]『成果主義人事・賃金第 III 巻』社会経済生産性本部。

笹島芳雄 [2001a]『アメリカの賃金・評価システム』日本経団連出版。

―――[2001b]『賃金』日本労働研究機構。

佐武弘章 [1986]「1963〜63 年ノートにおける『資本の生産過程』論の再現」『社会問題研究』(大阪府立大学) 第 35 巻第 2 号。

佐藤良一編 [2003]『市場経済の神話とその変革』法政大学出版局。

島恭彦ほか編 [1972]『マルクス経済学入門 (新マルクス経済学講座第 1 巻)』, 有斐閣。

清水正徳ほか [1972]『宇野弘蔵をどうとらえるか』芳賀書店。

菅原陽心 [1980]「労働生産過程と資本主義的生産」(菅原ほか [1980] 所収)。

―――[2012]『経済原論』御茶の水書房。

菅原陽心ほか [1980]『価値と市場機構』時潮社。

鈴木鴻一郎編 [1960]『経済学原理論 (上)』東京大学出版会。

―――[1974]『マルクス経済学』日本評論社。

―――[1988]『マルクス経済学の研究 (上)』東京大学出版会。

成果配分賃金研究委員会編 [1994]『アメリカの賃金・ヨーロッパの賃金』日本経団連出版。

副田満輝 [1956]「生産的労働と不生産的労働−−国民所得とサービスについて」『経済学研究』(九州大学) 第 21 巻第 4 号。

高島道枝 [1993]「男女の賃金格差と『同一価値労働同一賃金』運動」『社会政策学会年報』第 37 集』。

竹中恵美子 [2001]「新しい労働分析概念と社会システムの再構築−−労働におけるジェンダー・アプローチの現段階」(竹中編 [2001] 所収)。

竹中恵美子編 [2004]『労働とジェンダー』明石書店。
侘美光彦 [1968]「『資本論』の流通費用」（鈴木鴻一郎編 [1988] 所収）。
─── [1971-72]「資本循環論――『資本論』第 2 巻第 1 篇をめぐって」『経済学論集』（東京大学）第 37 巻第 3・4 号。
─── [1974]「流通費用」（鈴木鴻一郎編 [1974] 所収）。
─── [1977]「流通費用」（山口重克ほか編 [1977] 所収）。
田島司郎ほか [1981]『賃金の経営学』ミネルヴァ書房。
種瀬茂 [1984]「＜価値の実体＞規定をめぐる論争」（棚瀬ほか編 [1984] 所収）。
種瀬茂ほか編 [1984]『資本論体系　第 2 巻』，青木書店。
都留重人・野々村一雄 [1954]「戦後の国民所得」（小椋廣勝編 [1954] 所収）。
土井日出夫 [1995]「いわゆる『還元問題』と熟練の形成」『エコノミア』（横浜国立大学）第 46 巻第 1 号。
─── [2000]「『還元問題』への一視角――『現象形態』としての『複雑労働』」（大石雄爾 [2000] 所収）。
刀田和夫 [1977]「労働の対象化, 物質化, 凝固とサービス労働」『経済学研究』（九州大学）第 42 合併号（後に刀田 [1993] 第 7 章）。
─── [1993]『サービス論争批判』九州大学出版会。
遠山茂樹編 [1954]『軍國主義の復活』（『日本資本主義講座：戰後日本の政治と經濟第 9 巻』）岩波書店。
徳永重良 [1967]『イギリス賃労働史の研究』法政大学出版局。
富塚良三 [1976]『経済原論』有斐閣。
中川スミ [1987]「家事労働と資本主義的生産様式」『高田短期大学紀要』第 5 号（後に中川 [2014] 第 1 章）。
─── [1994]「（研究ノート）『家族賃金』イデオロギーの批判と『労働力の価値分割』論」『社会科学研究』（東京大学社会科学研究所）第 46 巻第 3 号（後に中川 [2014] 第 3 章）。
─── [1996]「経済学とジェンダー」『賃金と社会保障』第 1188 号。
─── [1999]「（学界展望）経済学とジェンダー――家事労働・労働力の価値・『家族賃金』『経済理論学会年報』第 36 号（後に中川 [2014] 序章）。
中川スミ [2014]『資本主義と女性労働』（青柳和身・森岡孝二編集）桜井書店。
中西健一 [1957]「マルクスにおける交通＝生産説の二つの根拠」『経済学雑誌』（大阪市立大学）第 37 巻第 4 号。
日経産業新聞 [2001]「第 2 ステージを迎えた成果主義」同紙 2001 年 5 月

18日付。
西村豁通・中西洋・竹中恵美子 [1996]『個人と共同体の社会科学』ミネルヴァ書房。
日本経営者団体連盟 [1969]『能力主義管理』。
———[1995]『新時代の「日本的経営」』日本経団連出版。
———[2001]『成果主義人事制度事例集』日本経団連出版。
新田滋 [1994]「経済学における企業組織，公共機関，自生的秩序——市場原理と現代経済学」『茨城大学教養部紀要』第27号。
二宮厚美 [2008]『ジェンダー平等の経済学』新日本出版社。野村正實 [2001]『知的熟練論批判』ミネルヴァ書房。
花井益一 [1954]「複雑労働の還元をめぐる諸問題（上）」『富山大学紀要・経済学部論集』第4号（後に花井 [1961] 所収）。
———[1955]「複雑労働の還元をめぐる諸問題（下）」『富山大学紀要・経済学部論集』第6号（同上書所収）。
———[1961]『価値と貨幣』ミネルヴァ書房。
馬場宏二 [1981]『現代資本主義の透視』東京大学出版会。
———[1997]『新資本主義論』名古屋大学出版会。
濱口桂一郎 [2008]「マクドナルド賃金訴訟の本質は長時間労働の規制にある」『エコノミスト』2008年3月18日号。
原伸子 [2003]「市場と家族・コミュニティ」（佐藤良一編 [2003] 所収）。
———[2005]「ジェンダーと経済学批判」（原ほか編 [2005] 第1章）。
原伸子ほか編 [2005]『市場とジェンダー——理論・実証・文化』法政大学出版局。
久本憲夫・竹内治彦 [1998]『ドイツ企業の賃金と人材育成』日本労働研究機構。
広田純 [1960]「マルクスの＜生産的労働＞論」『立教経済学研究』第13巻第4号。
———[1982]「国民所得論」（経済学会連合会編 [2003] 所収）。
廣松渉 [1995]『物象化論と経済学批判』情況出版。
降旗節雄 [1976]『マルクス経済学の理論構造』筑摩書房。
本寺大志 [2000]『コンピテンシー・マネジメント』日本経団連出版。
牧野富夫 [1999]「最近の賃金体系の変化」『経済集志』（日本大学）第69巻第1号。馬渡尚憲 [1997]『経済学史』有斐閣。
見田石介ほか [1971]『マルクス主義経済学講座上巻』新日本出版社。

森下二次也 [1949]「国民所得と生産的労働」『経済評論』1949 年 3 月号。
安田均 [2001]「価格水準の第 1 次的形成」『経済学研究』(九州大学) 第 68 巻第 2/3 合併号。
———[2004]「価値概念としての重心について」『山形大学紀要(社会科学編)』第 34 巻第 2 号。
———[2005a]「賃金における能力主義の行方」『山形大学紀要(社会科学編)』第 35 巻第 2 号。
———[2005b]「能力主義賃金の行方」『東北経済学会誌　2004 年度版』。
———[2006]「内部労働市場と成果主義賃金」(SGCIME 編 [2006] 所収)。
———[2007]「富士通新人事制度における成果主義と能力主義」『山形大学紀要(社会科学編)』第 37 巻第 2 号。
———[2008]「能力主義の理論的可能性」『季刊経済理論』(経済理論学会) 第 44 巻第 4 号。
———[2010]「労働の同質性と種差性」『山形大学紀要(社会科学編)』第 40 巻第 2 号。
———[2011]「生産的労働概念再考」『季刊経済理論』(経済理論学会) 第 48 巻第 2 号。
———[2013]「消費における労働――家庭に残る労働」『季刊経済理論』(経済理論学会) 第 49 巻第 4 号。
———[2015]「複雑労働の理論的可能性」『季刊経済理論』(経済理論学会) 第 52 巻第 1 号。
———[2016]「生産的労働と生産過程論の再構成」『経済学の座標軸―馬渡尚憲先生追悼論文集』第 3 章，社会評論社。
山口重克 [1972]「労働生産過程と価値の実体規定」(清水ほか [1972] 所収，後に山口 [1987] 第 II 部第 2 章)。
———[1977]「経済学における自立の論理と完結性」『思想』1988 年第 8 号 (後に山口 [1983] 第 1 部第 4 章)。
———[1978]「流通と価値」(山口ほか編 [1978] 所収，後に山口 [1987] 第 II 部第 3 章)。
———[1983]『資本論の読み方』有斐閣。
———[1984]「経済原則と経済法則」『現代の解読』第 2 号 (後に山口 [1987] 第 I 部第 2 章)。
———[1985]『経済原論講義』東京大学出版会。
———[1986]「価値の概念と社会的必要労働」『経済学論集』(東京大学)

第 52 巻第 3 号（後に [1987] 第Ⅰ部第 4 章）。
―――[1987]『価値論の射程』東京大学出版会。
―――[1990]「価値概念の広義化をめぐって」『経済理論学会年報』第 27 集, 青木書店（後に山口 [1996b] 第 1 部第 1 章）。
―――[1992]「段階論の理論的必然性」（山口編 [1992], 後に「類型論の理論的要請」と改題し山口 [2006] 第 1 章）。
―――[1993]「日本のマルクス経済学の方法論の現段階」『経済学論集』（東京大学）第 59 巻第 1 号（山口 [1996b] 第 2 部第 2 章）。
―――[1995]「抽象的人間労働と価値法則」『情況』第 55 号（後に山口 [1996b] 第 1 部第 6 章）。
―――[1996a]「純粋資本主義論の方法と効用」『政経論叢』（国士舘大学）第 97 号（後に山口 [1996b] 第 2 部第 4 章）。
―――[1996b]『価値論・方法論の諸問題』御茶の水書房。
―――[2001]「外的諸条件の構造化と類型論の方法」『政経論叢』（国士舘大学）第 115 号（後に山口 [2006] 所収）。
―――[2006]『類型論の諸問題』御茶の水書房。
山口重克ほか編 [1977]『資本論を学ぶ　第Ⅲ巻』有斐閣。
山口重克ほか編 [1978]『マルクス経済学の現状と展望』東洋経済新報社。
山口重克・平林千牧編 [1984]『マルクス経済学・方法と理論』時潮社。
山口重克編 [1992]『市場システムの理論』御茶の水書房。
山田鋭夫 [2007]「資本主義社会の収斂生と多様性」（山田鋭夫ほか編 [2007] 所収）。
山田鋭夫ほか編 [2007]『現代資本主義への新視角』昭和堂。
労働省 [1987]『雇用管理調査』。
労務行政研究所 [1997]『労政時報』第 3287 号（1997 年 1 月 12 日号）。
和田豊 [1986]「異種労働の社会的平均労働への還元」『經濟科學』（名古屋大学）第 33 巻第 2 号。
―――[1987a]「異種労働力の価値と価値形成力――異種労働の社会的平均労働への還元」『經濟科學』（名古屋大学）第 34 巻第 3 号。
―――[1987b]「異種労働の還元と生産的労働論」『經濟科學』（名古屋大学）第 35 巻第 1 号。
―――[2003]『価値の理論』桜井書店。
SGCIME 編 [2006]『グローバル資本主義と企業システムの変容　（グローバル資本主義シリーズ　第 3 巻）』御茶の水書房。

SGCIME 編 [2007]『情報技術革命の射程 （グローバル資本主義シリーズ第 2 巻)』御茶の水書房。

Barrett M. & M.McIntosh[1980], "The 'Family Wage':Some Problems for Socialists and Feminists, "*Capital & Class*, Vol.11.
Becker, G.S.[1975], *Human Capital: A Theoretical and Empirical Analysis, with Special Reference to Education*, 2nd ed., Columbia U.P. (佐野陽子訳『人的資本』東洋経済新報社, 1976 年).
Beneria, L.[1999], "The Enduring debate over unpaid labour, " *International Labour Review*, Vol.138, No.3.
Bernstein, E.[1989-1900], "Zur Theorie des Arbeitswerts, " *Die Neue Zeit*, Vol.XVIII.
Bock G. & B.Duden[1977], "Arbeit aus Liebe-Liebe als Albeit: Zur Entstehung der Hausarbeit in Kapitalismus, " *Frauen und Wissenschaft*, Courage-Verlag, Berlin (B. ドゥーデン・C.v. ヴェールホーフ『家事労働と資本主義』（丸山真人編訳), 第 1 章「資本主義と家事労働の起源」岩波現代選書).
Böhm-Bawerk,E.v.[1896], *Zum Abschluß des Marxschen Systems*（木本幸造訳『マルクス体系の終結』未来社).
Goldschmit-Clemont[1990], "Economic measurement of non-market household activi- ties: is it useful, and feasible?," *International Labour Review*, Vol.129, No.3.
Hartmann, Heidi I.[1979], "The Unhappy Marriage of Marxism and Feminism: Towards A More ProgressiveUnion," *Capital & Class*, Vol.3 No2.
Hilferding, R.[1904], "Böhm-Bawerks Marx-Kritik," *Marx-Studien*, Bd.I, Wien:Brand. (王野井芳郎・石垣博美訳『マルクス経済学研究』法政大学出版局, 1955 年).
Himmelweit, S. & S.Mohum[1977], "Domestic labour and capital, " *Cambridge Journal of Economics*, No.1.
―――[1995], "The discovery of unpaid work: The social consequences of the expansion of work," *Feminist Economics*, Vol.1, No.2（久場嬉子訳「無償労働の発見」『日米女性ジャーナル』,1996 年).
―――[2002], "Making visible the hidden economy: The case for

gender- impact analysis of economic policy,"*Feminist Economics*, Vol.8, No.1.

Illich, I.[1981], *Shadow Work*, Marion Boyars(玉野井芳郎・栗原彬訳『シャドウ・ワーク−−生活のあり方を問う』岩波書店,1982 年).

Ironmonger, D.S.[1996],"Counting outputs, capital inputs and caring labor: Estimating Gross Household Product,"*Feminist Economics*, Vol.2, No.3.

Marx, K.[1844], *Ö konomische Philosophische Manuscript*, 1844, in Marx-Engels Gesam- tausgabe, 1-Bd.4（田中吉六訳『経済学哲学草稿』岩波文庫,1964 年).

─── [1857/58], *Grundrisse der Kritik der Politischen ö konomie*, Dietz Verlag, 1953（高木幸一郎監訳『経済学批判要綱』大月書店,1958-65 年).

─── [1861-63], *Theorien Über den Mehrwert*, in *Marx-Engels Werke*, Bd.26, Dietz Verlag, 1968（大内兵衛・細川嘉六監訳『剰余価値学説史』（マルクス・エンゲルス全集 第 26 巻）,大月書店,1969-70 年).

─── [1864], *Resultate des unmittelbare Produktionsprozesse*, Archiv sozialistischer Lit- eratur 17, Neue Kritik（岡崎次郎訳『直接的生産過程の諸結果』国民文庫, 大月書店,1970 年).

─── [1867], *Das Kapital*, I,II,III, in *Marx-Engels Werke*, Bd.23-25, 1962-64（岡崎次郎訳『資本論』大月書店,1958-65 年).

Petty, W.[1662], *A Treatise of Taxes and Contributions*.（大内兵衛・松川七郎訳『租税貢納論』岩波文庫,1952) / Charls Henry Hull ed.[1899], *The Economic Writings of Sir William Petty*, vol.1, Cornel Univ.

Smith, A.[1776], *An lnquiry into the Nature and Causes of the Wealth of Nations*, 7th ed., by E.Cannan, Modern Library（大内兵衛・松川七郎訳『諸国民の論』岩波文庫,1959-66 年).

Quesnay, F.[1757], *Grains, Encyclopedia*, tome VII, CE uvres 1888.（島津亮二・菱山泉訳『ケネー全集 第 2 巻』有斐閣,1952 年).

─── .[1759], *Tableau economique*, 1st ed., 1758; 2nd ed., 1759; 3rd ed., 1759, with Explication du Tableau Economique, INED, 11（平田清朗・井上泰夫訳『ケネー経済表』岩波書店,1990 年).

─── [1766], *Ana1yse de la formule arithemetique du Tableau Économique*, OEuvres,1888（戸田正雄・増井健一訳『経済表』岩波文庫,1961).

索　引

あ

青才高志　*13, 23, 27-28, 35, 99, 101*
遊部久蔵　*15, 108-109*
足立眞理子　*161, 184, 187*
阿部照男　*18-19, 34-35, 46, 48-49, 97, 169-170, 174-175, 182, 186-187*
荒又重雄　*110-113*

い

石井徹　*153*
石倉一郎　*13, 35-36*
泉弘志　*111, 126*
伊藤誠　*66-67, 71, 74-76, 107, 126*
岩田弘　*64-65, 75-76*

う

宇野弘蔵　*11, 15-16, 27, 50, 53, 58-62, 70-71, 73, 76-77, 79-80, 84-85, 97-100, 117, 121, 127-128, 146, 193*

お

大内力　*27, 52, 71-73, 75-76, 100*
大谷禎之介　*56-58, 100, 106, 114*
小幡道昭　*16, 19, 99, 121-124, 128-129, 142, 146-152, 157, 171-178, 185, 187-189, 193*

か

金子ハルオ　*13, 30, 33-35, 110*
鎌倉孝夫　*62, 67-70, 74-75, 99-100*

く

櫛田豊　*17, 106, 111-112, 127, 160, 185*
熊沢誠　*132-139, 152, 154-155*

こ

小池和男　*136, 157-158*

さ

桜井幸男　*111-112*

す

菅原陽心　*62, 75-76, 79-82, 86, 100, 121, 166, 193*
鈴木鴻一郎　*62-65, 71, 73, 75-76*

た

侘美光彦　*77-79*
竹中恵美子　*161-168*

つ

都留重人　*12, 32-33*

な

中川スミ　*17-18, 26, 159, 162, 164, 183, 185-186, 193*

は

原伸子　*187, 189*

ひ

廣松渉　*84, 85*

ふ

降旗節雄　*65-67, 71, 74-76*

ま

馬渡尚憲　*37, 41-43, 46*

索引

や

安田均 *96, 121, 123, 128, 154, 156-157, 186*
山口重克 *16, 21-22, 73-76, 79, 81-93, 96, 100-101, 117-118, 121, 127-128, 153-154, 166, 180, 184, 193*

スミス *9-10, 43-46, 97*
ケネー *9, 37-43, 97*
ヒメルワイト *19, 161, 171, 174-175, 184, 187-189*
ヒルファディング *15, 108-110*
ペティ *37-38*
ベーム・バヴェルク *15, 107, 110*
マルクス *10-11, 13-15, 17-18, 25-27, 30-31, 34-35, 46-53, 57-61, 78, 85, 97-100, 104, 106, 108-109, 111, 116, 122, 127-129, 162-165, 169, 171, 183-187*

安田　均（やすだ　ひとし）

九州大学大学院経済学研究科博士課程／山形大学人文学部教授／経済原論専攻／「生産的労働概念再考」（経済理論学会『季刊経済理論』第 48 巻第 2 号 ,2011 年),「消費における労働 --- 家庭に残る労働」（同第 49 巻第 4 号 ,2013 年),「複雑労働の理論的可能性」(同第 52 巻第 1 号 ,2015 年)

生産的労働概念の再検討
2016 年 5 月 20 日　初版第 1 刷発行

著　者—————安田　均
装　幀—————右澤康之
発行人—————松田健二
発行所—————株式会社 社会評論社
　　　　　　　東京都文京区本郷 2-3-10
　　　　　　　電話：03-3814-3861　Fax：03-3818-2808
　　　　　　　http://www.shahyo.com
組　版—————Luna エディット .LLC
印刷・製本——株式会社ミツワ

Printed in japan